Práticas pedagógicas em EaD

O selo DIALÓGICA da Editora InterSaberes faz referência às publicações que privilegiam uma linguagem na qual o autor dialoga com o leitor por meio de recursos textuais e visuais, o que torna o conteúdo muito mais dinâmico. São livros que criam um ambiente de interação com o leitor – seu universo cultural, social e de elaboração de conhecimentos –, possibilitando um real processo de interlocução para que a comunicação se efetive.

EDITORA
intersaberes

Práticas pedagógicas em EaD

Adriano Antônio Faria
Luís Fernando Lopes

Rua Clara Vendramin, 58 . Mossunguê
CEP 81200-170 . Curitiba . PR . Brasil
Fone: (41) 2106-4170
www.intersaberes.com
editora@editoraintersaberes.com.br

conselho editorial
Dr. Ivo José Both (presidente)
Drª Elena Godoy
Dr. Nelson Luís Dias
Dr. Neri dos Santos
Dr. Ulf Gregor Baranow

editora-chefe Lindsay Azambuja
supervisora editorial Ariadne Nunes Wenger
analista editorial Ariel Martins
capa Charles Leonardo da Silva
projeto gráfico Mayra Yoshizawa
diagramação Capitular Design Editorial

Informamos que é de inteira responsabilidade dos autores a emissão de conceitos.

Nenhuma parte desta publicação poderá ser reproduzida por qualquer meio ou forma sem a prévia autorização da Editora InterSaberes.

A violação dos direitos autorais é crime estabelecido na Lei n. 9.610/1998 e punido pelo art. 184 do Código Penal.

1ª edição, 2014.

Foi feito o depósito legal.

Dados Internacionais de Catalogação na Publicação (CIP)
(Câmara Brasileira do Livro, SP, Brasil)

Faria, Adriano Antônio
   Práticas pedagógicas em EaD / Adriano Antônio Faria, Luís Fernando Lopes. Curitiba: InterSaberes, 2014.
(Série Tecnologias Educacionais)

   Bibliografia.
   ISBN 978-85-443-0068-8

   1. Educação a distância 2. Educação – Finalidades e objetivos 3. Prática de ensino 4. Professores – Formação profissional 5. Tecnologia educacional I. Lopes, Luís Fernando. II. Série.

14-09241   CDD-371.3

Índice para catálogo sistemático:
1. Educação a distância 371.3

Ninguém ignora tudo. Ninguém sabe tudo.
Todos nós sabemos alguma coisa.
Todos nós ignoramos alguma coisa.
Por isso aprendemos sempre.

Paulo Freire

Sumário

Apresentação 9

01 | Práticas pedagógicas em EaD: buscando fundamentos 11

1.1 Pesquisa e práticas pedagógicas em EaD: algumas considerações 13
1.2 Fundamentos, características e componentes da EaD 26
1.3 EaD: implicações para o trabalho docente 35

02 | Tempo, espaço e a autonomia dos sujeitos na EaD 43

2.1 Novos tempos? Novos espaços? Novas práticas?. 44
2.2 Tempo e espaço na educação a distância 47
2.3 AVA, LMS ou SGA 49
2.4 As redes sociais como ferramenta de aprendizagem 54
2.5 Autonomia e comportamento ético dos sujeitos da EaD 64
2.6 Articulação entre ética e educação 72

03 | O projeto pedagógico na EaD 79

3.1 A importância do planejamento 80
3.2 Plano de desenvolvimento institucional 82
3.3 Educação de qualidade 85
3.4 Tutoria em EaD: discursos e práticas 90

04 | Avaliação do processo 101

4.1 A necessidade de avaliar 102
4.2 O processo avaliativo na EaD 104
4.3 A ética, o bom senso e a avaliação 112

Considerações finais *117*
Referências *121*
Bibliografia comentada *137*
Sobre os autores *141*

Apresentação

A educação a distância (EaD) está crescendo rapidamente em todo o mundo. Cada vez mais pessoas e instituições contam com o auxílio dessa modalidade educacional para atingir o objetivo de lhes proporcionar acesso ao conhecimento e oferecer oportunidade de trabalho e aprendizagem constante.

Este livro tem como objetivo principal abordar as práticas pedagógicas em EaD. Para tanto, partimos dos fundamentos gerais da educação e procuramos, em seguida, focalizar as características próprias da EaD e suas práticas.

O livro está organizado em quatro capítulos que se articulam em torno do eixo *práticas pedagógicas* e procuram atender aos objetivos propostos na obra.

No primeiro capítulo, intitulado "Práticas pedagógicas em EaD: buscando fundamentos", abordamos a questão da pesquisa e da prática pedagógica em EaD e analisamos a educação a distância, suas características e seus fundamentos, procurando explicitar que implicações decorrem dessas questões para o trabalho docente nessa modalidade.

No segundo capítulo, que tem como título "Tempo, espaço e autonomia dos sujeitos na EaD", tratamos da questão das tecnologias e sua aplicação na educação a distância e destacamos os ambientes virtuais de aprendizagem (AVAs), que disponibilizam diversas ferramentas, como os fóruns, *chats* e rotas ou trilhas de aprendizagem. Ainda nesse capítulo, refletimos também sobre a autonomia e o comportamento ético dos sujeitos da EaD.

Já no terceiro capítulo, denominado "O projeto pedagógico na EaD", discutimos a questão do planejamento com base em algumas indagações centrais: qual a importância do planejamento? Para que ele serve? Quais são suas principais características? Assim, refletimos sobre o planejamento e o projeto pedagógico, focalizando o contexto da EaD.

Por fim, no quarto capítulo, intitulado "Avaliação do processo", procuramos verificar quais são as formas de avaliação existentes e o que podemos fazer para praticar uma avaliação de forma justa, respeitosa e ética, de modo a suprir todas as necessidades do processo de ensino e aprendizagem destinado à EaD.

Esperamos que esta obra possa colaborar com a caminhada formativa do leitor, bem como com a de todos aqueles que se interessem em conhecer mais essa modalidade de ensino, continuamente em crescimento em nosso país e em todo mundo.

Bons estudos!

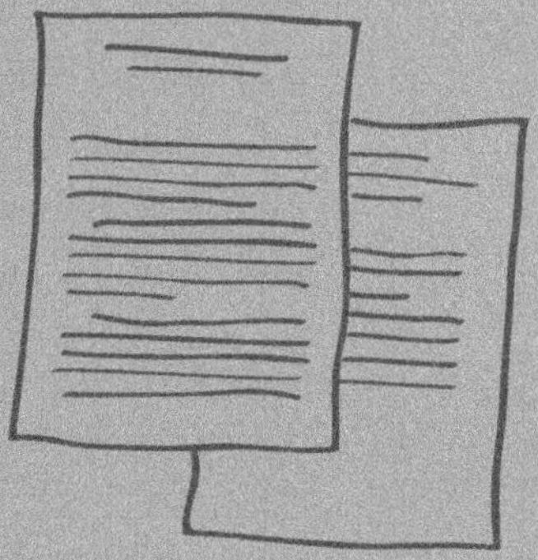

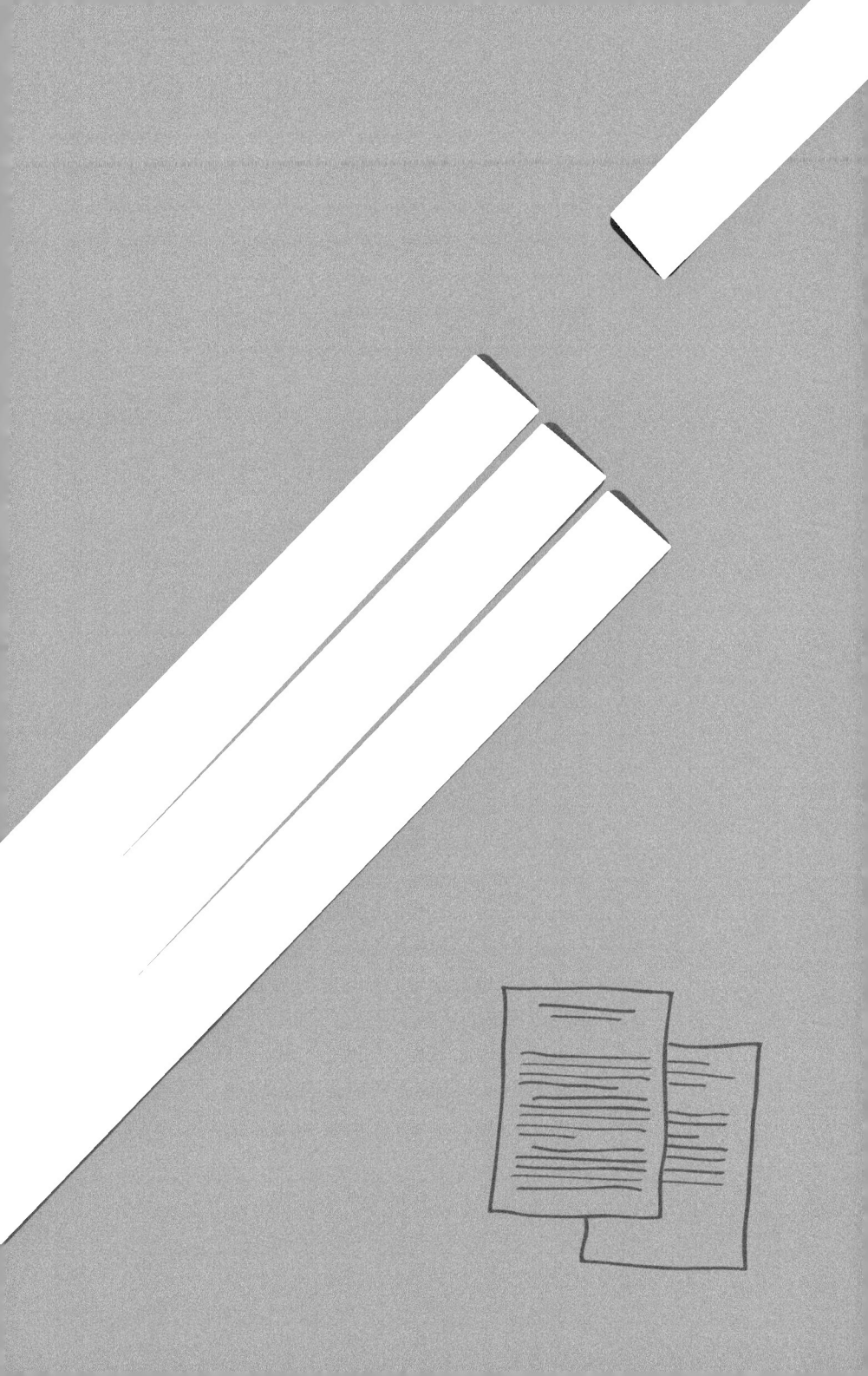

A educação a distância (EaD) trouxe grandes vantagens ao campo educacional. Por outro lado, também agregou novos desafios, sendo um dos mais significativos as práticas pedagógicas, que na realidade da EaD assumem certas características singulares no processo educativo.

Para aprofundar nossa abordagem sobre o tema, vamos iniciar a reflexão tomando como base a seguinte questão:

> Alguma vez você já se perguntou o que caracteriza uma prática para que ela seja chamada de *pedagógica*?

Nosso objetivo neste capítulo é justamente refletir sobre essa questão no contexto da EaD. Dessa maneira, abordaremos a pesquisa e a prática pedagógica nessa modalidade de educação e faremos uma análise de suas características e de seus fundamentos e a influência desses elementos no trabalho docente.

Para isso, é muito importante considerar a EaD no seu horizonte maior, isto é, a realidade da educação. A educação não presencial apresenta suas características e especificidades, mas isso não significa que ela deva ser considerada um hiato, ou seja, uma realidade totalmente distinta do campo educacional.

Nesse sentido, afirma Cortelazzo (2010) que não diferenciamos os princípios educacionais da educação presencial dos verificados na EaD, pois eles são os mesmos. Trata-se sempre de educação, mesmo que em contextos, suportes e meios diferentes para consolidar-se.

A compreensão desses princípios é fundamental para definirmos a perspectiva com base na qual abordamos a EaD, suas práticas e seus fundamentos. Nessa tarefa, o trabalho de pesquisa é essencial.

1.1 Pesquisa e práticas pedagógicas em EaD: algumas considerações

Quando falamos em *pesquisa* e *prática pedagógica*, existe algum elemento ou ferramenta que balize essas ações, tão importantes para a realização de uma educação de qualidade?

Para iniciarmos nossas reflexões sobre pesquisa e práticas pedagógicas em EaD, é importante que façamos uma primeira consideração: independentemente da modalidade em que se realize, qualquer ação educacional precisa de uma proposta pedagógica muito bem elaborada para orientar o seu desenvolvimento. Afinal, é com base nessa proposta que todos os envolvidos poderão trabalhar no horizonte de uma perspectiva comum que norteará as decisões, as práticas a serem desenvolvidas e as mudanças, quando necessárias.

No entanto, precisamos ter consciência de que esse processo envolve a convivência com opiniões diferentes, contradições e conflitos, sendo fundamental o respeito aos olhares e às intenções dos múltiplos sujeitos participantes das ações (Valente; Almeida, 2007). Com isso, queremos chamar a atenção para a necessidade de se compreender a prática pedagógica no seu contexto, ou seja, o da prática social.

A prática pedagógica

Uma prática é pedagógica quando, de alguma maneira, está relacionada a um objetivo educacional do processo de ensino e aprendizagem. Ela é planejada, realizada e avaliada, tendo como referência esse processo.

Para Veiga (1992, citado por Souza, 2005), a prática pedagógica está inserida no contexto da prática social, norteada por objetivos, finalidades e conhecimentos, constituindo-se, desse modo, em uma dimensão da prática social.

Assim, ao dirigirmos nossa atenção para a prática pedagógica, precisamos considerá-la parte de um processo social e de uma prática social, visto que não se trata apenas de educação no âmbito escolar, mas das relações sociais que são dinâmicas e geradoras de aprendizagens (Souza, citado por JFM, 2011).

Portanto quando, por exemplo, conhecemos um lugar diferente onde as expressões culturais são diversas das nossas e compreendemos essas práticas na interação com as pessoas que as vivenciam, esse conhecimento pode acarretar mudanças em nosso comportamento relacional. Veja a seguir um exemplo de como esse processo se dá na prática:

> Alguém pode desejar aprender uma nova língua (inglês, por exemplo) e decidir fazê-lo sozinho. No entanto, tal língua já é uma produção social anterior, ou seja, um constructo histórico produzido pela humanidade.
>
> Os materiais que o indivíduo utilizará para aprender, como livros, manuais, CDs, DVDs, entre outros, são produzidos por outros indivíduos ou grupos de indivíduos e, por isso, também constituem produtos sociais. Assim, mesmo quando falamos de *autoaprendizagem*, não podemos excluir a sua dimensão social.

É importante também estarmos atentos a costumes, presentes em outros países, relacionados a fatores geográficos, como no caso da famosa "sesta": esse cochilo é verificável em áreas de alta temperatura. As relações sociais, portanto, geram aprendizagens que extrapolam o âmbito meramente cognitivo, referindo-se ao ser humano integral.

No entanto, convém salientar que a prática pedagógica escolar pressupõe um planejamento, uma intencionalidade e uma organização específicos, o que não significa que ela esteja separada do todo das relações sociais entre as quais está inserida.

Notamos, dessa maneira, que uma proposta pedagógica não surge como uma dádiva nem tampouco como um privilégio que possa ser elaborado apenas por alguns profissionais "iluminados". As propostas pedagógicas são determinadas historicamente[1] e se relacionam com o contexto em que se desenvolvem. Portanto, elas são orientadas por princípios epistemológicos[2], ou seja, sobre o que é conhecimento, como ele é produzido, como é possível elencar os conhecimentos que são necessários, entre outras questões fundamentais.

> Com isso, é importante afirmar que a pesquisa é elemento essencial para uma prática pedagógica que possibilite a superação da alienação e da relação de subalternidade cultural, política e social. A pesquisa como característica da formação e da prática do professor e como elemento de motivação para a atitude investigativa entre os educandos. (Souza, 2005, p. 3)

Dada a importância dessas questões para a reflexão e a compreensão das práticas pedagógicas particularmente no contexto da EaD, faremos algumas considerações sobre a pesquisa educacional, o que nos dará subsídios para uma abordagem crítica e contextualizada da EaD e das práticas pedagógicas a ela relacionadas.

Diversos autores (André, 2001; Kuenzer; Moraes, 2005; Gatti, 2005) destacam a importância da base teórica para o desenvolvimento de uma pesquisa na área educacional. A esses estudiosos se soma Lopes (2011, p. 23):

> O pesquisador não realiza um trabalho puramente prático, mesmo aqueles que acreditam trabalhar de tal maneira são sempre movidos por regras, princípios metódicos, que consciente ou inconscientemente, estão embasados em

---

[1] Ao longo da história, podemos notar que certas tendências pedagógicas, as quais implicam determinadas práticas pedagógicas, se estabelecem como dominantes por se adequarem às demandas da sociedade. Por exemplo: o tecnicismo, ou seja, a promoção de uma educação voltada para o domínio da técnica do como fazer, para que o indivíduo ocupasse o seu posto de trabalho e colaborasse dessa forma para o progresso da sociedade. Para saber mais sobre o tema, recomenda-se ler a obra de Dermeval Saviani: *Escola e democracia*.

[2] *Epistemológico* diz respeito ao conhecimento, mais especificamente ao conhecimento científico, ou seja: o que é o conhecimento científico? Como ele é produzido? O que é necessário para que um conhecimento seja considerado científico? As respostas a essas questões implicam a consideração de princípios epistemológicos que são fundamentais aos processos de pesquisa em qualquer área.

considerações abstratas. Estas não só dirigem a interpretação dos resultados obtidos, mas principalmente servem de fundamento para o projeto que o pesquisador realiza.

Como afirma Pinto (1979, p. 8), "a teoria não está ausente na obra dos pesquisadores, que aparentemente se despreocupam dessas discussões chamadas 'especulativas', o que está ausente é a consciência dela."

Base teórica

A partir da constatação anterior, compreendemos que "o conhecimento não é um simples acumular de informações, ele forma e transforma o homem, colabora de maneira fundamental na construção do próprio ser do homem" (Lopes, 2011, p. 24).

Em outras palavras, para o ser humano, conhecer é uma questão de sobrevivência. As descobertas feitas por ele no decorrer da história lhe permitiram continuar existindo e melhorar suas condições de existência (Lopes; Sopchaki, 2013). Um dos exemplos mais clássicos de aquisição de um conhecimento como instrumento de auxílio à sobrevivência humana foi a descoberta do fogo. Mais recentemente, podemos mencionar a revolução digital.

Expansão móvel: base de *smartphones* triplicará até 2019

Atualmente, os *smartphones* representam 28% do total de conexões móveis no mundo e essa fatia deve chegar aos 60% nos próximos seis anos. De acordo com um levantamento recentemente feito pela Ericsson®, o número de *smartphones* saltará de 1,9 bilhão em 2013 para 5,6 bilhões até 2019.

Em países da América do Norte e Europa, cerca de 100% dos assinantes serão usuários de aparelhos inteligentes ou os chamados "*feature phones*", *smartphones* baratos. O último relatório de mobilidade da Ericsson® aponta ainda que serão 800 milhões de *laptops*, roteadores e *tablets* que acessam a rede celular.

Além do aumento na quantidade de dispositivos, a previsão é de que o tráfego mensal de dados chegue a 10 *exabytes* – um aumento de dez vezes entre 2013 e 2019.

Segundo o levantamento, o crescimento neste número se dá principalmente devido à quantidade de vídeos que deverão trafegar na rede.

Em 2019, 28% dos 9,3 milhões de conexões móveis no mundo serão de aparelhos 4G no padrão LTE. Hoje, os celulares 2G são 70% da base latino-americana, mas o estudo prevê que essa tecnologia vai praticamente desaparecer graças à migração para o 3G e à popularização dos *smartphones*.

Fonte: Futurecom, 2013.

Como vimos no texto, as tecnologias tornam-se a cada dia mais frequentes na vida do ser humano. A popularização dos aparelhos e também da internet nos permite perceber o esforço constante do ser humano de se adaptar e de adaptar o mundo às suas necessidades.

Nesse esforço constante de tornar o seu meio mais adequado ao que precisa para prover a sua existência, o ser humano faz descobertas, desenvolve práticas e tecnologias, cria instrumentos, enfim, produz cultura e a transmite para as novas gerações pelo processo educativo. Podemos afirmar que, nesse processo de produzir cultura, o homem produz também a si mesmo.

Mas qual é a relação do que consideramos até aqui com as práticas pedagógicas em EaD?

Primeiramente, precisamos esclarecer o objeto ao qual se faz referência: a educação, antes de ser adjetivada por qualquer modalidade (por exemplo, a distância) ou por qualquer outra característica específica, é, acima de tudo, educação, ou seja, "um processo histórico-social de criação do ser humano pela sociedade e para a sociedade e ao mesmo tempo de transformação da sociedade pelo ser humano em benefício de si mesmo" (Lopes, 2011, p. 47).

Por isso, é fundamental a consideração do conjunto de valores sociais (normas, costumes, tradições, crenças, entre outros) que influem sobre a educação, bem como dos efeitos gerais que dela resultam sobre os demais aspectos da realidade social. Como afirmam Lopes e Sopchaki (2013), seu fundamento, portanto, não é subjetivo, mas social: depende do grau de desenvolvimento dessa sociedade. "Educação não é uma conquista do indivíduo, mas uma função permanente da sociedade que procura aproveitar para seus fins coletivos a força de trabalho de cada um de seus membros" (Lopes; Sopchaki, 2013, p. 14).

Novamente é necessário que ressaltemos a importância da teoria, sem, no entanto, incorrer no erro de considerá-la separada ou em oposição à prática, pois "não há educação sem ideia de educação" (Pinto, 2000, p. 59). O processo educacional é dirigido por essa ideia de educação, seja ela implícita, seja explícita. Essa consideração é muito importante quando voltamos nossa atenção para as práticas pedagógicas (Lopes; Sopchaki, 2013).

Nesse sentido, vale lembrar o alerta que fazem Kuenzer e Moraes (2005) sobre o movimento de recuo da teoria na pesquisa em educação. "Para as autoras, essa 'celebração do fim da teoria' está ligada a uma certa utopia educacional, praticista e pragmática que considera suficiente o 'saber fazer' de tal modo que o esforço teórico é considerado especulação, perda de tempo ou mero recurso retórico" (Lopes, 2011, p. 31).

Ora, um "saber fazer" completo implica um domínio que não é puramente prático ou mera repetição, mas envolve saber as razões do "porquê" se faz, ou seja, do domínio teórico como condição para avançar e promover a melhoria do que se realiza tanto teórica como praticamente.

1.1.1 Características da EaD

O que é a *educação* a distância? Ou seria *ensino* a distância?

Essas são perguntas que, num primeiro momento, parecem uma simples troca de palavras, contudo, se refletidas com mais profundidade, revelam detalhes que exigem um trabalho de pesquisa rigoroso para que sejam respondidas de forma satisfatória.

Nesse sentido, com base nas reflexões anteriores, precisamos evitar o erro de considerar a EaD um hiato, um fenômeno único, desligado do seu contexto, que é a realidade da educação. Da mesma forma, essa consideração deixa evidente que, ao abordarmos a educação a distância e as práticas pedagógicas que lhe são inerentes, não podemos desconsiderar o que já se pesquisou e produziu no campo educacional em geral (Lopes, 2011).

Entendemos a EaD como uma práxis[3] social da qual participam sujeitos históricos que realizam processos de ensino e aprendizagem com o apoio de suportes tecnológicos para efetivar a inter-relação entre ambos (Lopes, 2011).

A EaD é práxis social porque dela participam sujeitos cuja intenção é fazer acontecer o processo de ensino e aprendizagem. Para isso, contam com o apoio de recursos tecnológicos, como satélites, internet, *softwares*, principalmente para estabelecer a comunicação. No entanto, como um fenômeno histórico, ela também está sujeita aos determinantes que se colocam em cada momento histórico.

Ao propormos essa concepção de EaD, apontamos para a diferença entre *ensino* e *educação* a distância. Villardi e Oliveira (2005, p. 35) afirmam que "a distinção entre ensino a distância e educação a distância demarca os limites de uma ação educativa da qual o ensino é apenas uma parte". Evidenciam, assim, a "necessidade de substituir o modelo tradicional de EaD, caracterizado pelo predomínio da informação sobre a formação" (Vellasquez, 2006).

Nas palavras de Villard e Oliveira (2005, p. 46), "O isolamento, uma das características mais marcantes do ensino a distância e uma das causas de seus elevados índices de evasão, deve ser substituído, por meio da interveniência da tecnologia, pela possibilidade de aprender junto, de construir coletivamente na educação a distância."

Como podemos notar, a distinção entre *ensino* e *educação* a distância não se trata de uma simples substituição de termos, mas envolve uma compreensão fundamental que trará consequências muito sérias, entre as quais está a desumanização do ensino (Belloni, 2008).

---

3   *Práxis*, na perspectiva proposta por Paulo Freire, indica a estreita relação entre o modo de interpretar a realidade e a vida e a consequente prática que decorre dessa compreensão. "É uma síntese entre teoria-palavra e ação" (Rossato, 2010).

Ensino "desumanizado"

Um ensino "desumanizado" é aquele centrado em si mesmo, que prioriza a transmissão e a reprodução de um conhecimento pronto e acabado, desconsiderando o aprendizado e, principalmente, os sujeitos do processo, ou seja, alunos e professores.

Assim, consideramos insuficiente e reducionista uma proposta de EaD que vise apenas ao ensino a distância. Ensinar é uma ação desprovida de sentido se estiver separada da aprendizagem. "A educação, portanto, só se efetiva quando é possível aprender, quando o próprio sujeito é capaz de construir e reconstruir modelos, com os quais ele consiga atribuir sentido às informações que recebe" (Villardi; Oliveira, 2005, p. 74).

Um dos maiores desafios que se colocam para a EaD hoje – relacionado às práticas pedagógicas que lhe são próprias – é de justamente fazer com que essa interação, que se apoia em recursos tecnológicos, aconteça de forma satisfatória.

Estudos procuram demonstrar que a evolução da EaD e da forma de conceituá-la acompanhou a evolução das tecnologias de comunicação que lhe dão suporte (Guarezi; Matos, 2009). Veja o texto a seguir, que explica bem essa mudança na análise e evolução da EaD.

Tecnologia e ação docente

Atualmente, se considerarmos, sobretudo, as possibilidades trazidas com o avanço autônomo das tecnologias digitais, o grande volume de informações disponibilizado e as diferentes formas como é apresentado oferece muitas oportunidades para quem deseja adquirir novos conhecimentos.

Todavia, o fato de as informações estarem disponíveis não significa garantia de sucesso do processo de aprendizagem. Existem, durante esse processo, grandes desafios, dentre os quais destacamos três:

a) A necessidade de filtrar as informações, ou seja, averiguar sua procedência e veracidade;
b) A exigência de estabelecer uma rotina disciplinada de estudos e mantê-la;

c) A superação da simples transmissão daquilo que já está disponível. É preciso construir/reconstruir conhecimento. (Demo, 2007).

Como é possível notar, não estamos diante de algo simples. Falar do aprendizado autônomo de um modo geral, ou particularmente no contexto acadêmico, requer a percepção da complexidade da qual esse processo está permeado. Contudo, conforme afirma Sathler (2008, p. 52), "é fato que alunos podem aprender de forma independente e utilizar TICs para melhorar seu aprendizado e desenvolver aprendizagens com pouco ou nenhum envolvimento docente".

Porém essa maior autonomia do aluno não significa ausência ou a dispensa dos professores. Pelo contrário, o docente continua a ter um papel essencial, especialmente se levarmos em consideração que nos ambientes informacionais há predomínio da cultura do entretenimento e presença de incentivos a comportamentos antissociais, tais como, racismo, sexismo, fundamentalismos e violência. Educação vai além do domínio da técnica. Os valores que marcam a contribuição individual e coletiva à sociedade estão sob fortes ameaças, justamente pela aparente facilidade como que grupos e indivíduos que defendem visões excludentes de mundo se inserem nas mídias, especialmente na internet. Os educadores têm as demandas sobre si ampliadas pelas dificuldades que as famílias encontram em fazer contraponto aos discursos dominantes e amplamente propagados. Precisam ensinar o aluno a aprender, torná-lo capaz de buscar, classificar e selecionar a informação. (Sathler, 2008, p. 52-53).

Essas considerações de Sathler chamam atenção para os enormes desafios que estão presentes na utilização das tecnologias digitais, sobretudo, no que diz respeito à internet. É nesse contexto que se coloca a Educação a distância como uma grande possibilidade de promoção do desenvolvimento humano.

Em sua maioria, esses conceitos de ensino e educação usados em EaD são de caráter descritivo, construídos com base no ensino presencial. Além disso, enfatizam a separação física entre professor e aluno e a utilização de tecnologias para que o processo de comunicação se realize (Guarezi; Matos, 2009).

Entre outros, podemos considerar o conceito apresentado por Aretio, 1994, citado por Guarezi e Matos (2009, p. 19):

EaD é um sistema tecnológico de comunicação bidirecional que substitui a interação pessoal, em sala de aula, entre professor e aluno como meio preferencial de ensino pela ação sistemática e conjunta de diversos recursos didáticos e pelo apoio de uma organização tutorial de modo a propiciar a aprendizagem autônoma dos estudantes.

No que diz respeito à EaD de forma descritiva e com base no ensino presencial, Belloni (2008, p. 27) apresenta vários conceitos de diferentes autores. Todavia, considera que esses conceitos tentam definir "a educação a distância pelo que ela não é, ou seja, a partir da perspectiva do ensino convencional da sala de aula."

Keegan (1996, p. 44), apresenta alguns elementos centrais que contribuem para uma conceituação da EaD:

- separação física entre professor e aluno, que a distingue do ensino presencial;
- influência da organização educacional (planejamento, sistematização, plano, organização dirigida etc.), que a diferencia da educação presencial;
- utilização de meios técnicos de comunicação para unir o professor ao aluno e transmitir os conteúdos educativos;
- previsão de uma comunicação de mão dupla, na qual o estudante se beneficia de um diálogo e da possibilidade de iniciativa de dupla via;
- possibilidade de encontros ocasionais com propósitos didáticos e de socialização.

Os elementos propostos por Keegan (1996) expressam, principalmente, a necessidade de diferenciar a EaD da educação presencial, sobretudo pela já mencionada separação física entre professor e aluno e a influência da organização educacional.

Nessa mesma perspectiva, para Sanches (2005, p. 101), "educação a distância é uma forma de ensino que possibilita a autoaprendizagem, com a mediação de recursos didáticos sistematicamente organizados, apresentados em diferentes suportes de informação, utilizados isoladamente ou combinados, e veiculados pelos diversos meios de comunicação".

Também o conceito proposto por Moore (1990, citado por Belloni, 2008, p. 26) apresenta de modo descritivo, sendo construído com base no ensino presencial e destacando a função das tecnologias no processo:

> Educação a distância é uma relação de diálogo, estrutura e autonomia que requer meios técnicos para mediatizar esta comunicação. Educação a distância é um subconjunto de todos os programas educacionais caracterizados por: grande estrutura, baixo diálogo e grande distância transacional. Ela inclui também a aprendizagem.

Belloni (2008) considera Moore um representante da corrente americana de inspiração behaviorista[4], de modo que, em suas definições de EaD, o último é conhecido por reforçar a importância da tecnologia educacional. De acordo com o que propõe o conceito de Moore, a transação denominada *EaD* ocorre entre alunos e professores em um ambiente que tem como característica especial a separação entre professores e alunos (Lopes, 2011).

> Essa separação conduz a padrões especiais de comportamento de alunos e professores. A separação entre alunos e professores afeta profundamente tanto o ensino quanto a aprendizagem. Com a separação surge um espaço psicológico e comunicacional a ser transposto, um espaço de potenciais mal-entendidos entre as intervenções do instrutor e as do aluno. Esse espaço psicológico e comunicacional é a distância transacional. (Moore, 1993, p. 2).

Esses mal-entendidos podem ocorrer também na educação dita presencial, pois o fato de estar fisicamente em uma mesma sala não garante a perfeição do processo de ensino/aprendizagem (Moore, 2002, p. 2). Essa distância geográfica "precisa ser suplantada por meio de procedimentos diferenciadores na elaboração da instrução e na facilitação da interação" (Moore; Kearsley, 2007, p. 240).

Cortelazzo (2010) considera que a definição de Moore e Kearsley se refere à EaD em uma concepção de distribuição de conteúdo ao aluno por meio de suportes

---

4 *Behaviorismo*, em inglês, também chamado de *comportamentalismo*, é o conjunto das teorias psicológicas que postulam o comportamento como o mais adequado objeto de estudo da psicologia, eliminando qualquer referência ao que não pode ser observado e descrito em termos objetivos. Pavlov pode ser considerado seu fundador (Abbagnano, 2000).

tecnológicos, em que ficam bem separadas as fases de ensino e aprendizagem. Nessa concepção, o trabalho do professor acontece num tempo e espaços diferentes daqueles nos quais ocorre o aprendizado do estudante. A chave, portanto, para a compreensão dessa proposta está na separação entre professor e aluno no tempo e no espaço.

Assim, o uso de meios tecnológicos e a existência de uma complexa estrutura organizacional são considerados elementos essenciais na EaD.

No Decreto n. 5.622, de 19 de dezembro de 2005, que regulamenta a EaD (Brasil, 2005), a educação não presencial é caracterizada como "modalidade educacional na qual a mediação didático-pedagógica nos processos de ensino e aprendizagem ocorre com a utilização de meios e tecnologias de informação e comunicação, com estudantes e professores desenvolvendo atividades educativas em lugares ou tempos diversos" (Brasil, 2005).

Para Petters (2009), a EaD é *sui generis*, ou seja, apresenta uma forma própria, pois se trata de uma abordagem com estudantes, objetivos, métodos, mídias e estratégias diferentes e, acima de tudo, objetivos diferentes na política educacional. Ela exige, assim, abordagens que diferem dos formatos tradicionais de educação. Nas palavras do referido autor, citado por Belloni (2008, p. 27):

> Educação a distância é um método de transmitir conhecimentos, competências e atitudes que é racionalizado pela aplicação de princípios organizacionais e de divisão do trabalho, bem como pelo uso intensivo de meios técnicos, especialmente com o objetivo de reproduzir material de ensino de alta qualidade, o que torna possível instruir um grande número de estudantes, ao mesmo tempo, onde quer que eles vivam. É uma forma industrializada de ensino e aprendizagem.

Belloni (2008) considera a definição de Petters diferenciada e comenta a grande polêmica provocada por esse autor ao utilizar conceitos da economia e da sociologia industrial para definir a EaD, já que suas teses representam uma tentativa de ir além das definições meramente descritivas, ou de pelo menos descrever a EaD pelo que ela é.[5]

---

5 Em uma monografia publicada em 1967, na qual pretende oferecer uma contribuição para a teoria da EaD, Otto Petters concebe a EaD como a forma mais industrializada de ensino e

Como podemos notar, a evolução do conceito acompanha a evolução das práticas pedagógicas e das tecnologias que ela incorpora, e a EaD conta, cada vez mais, com maiores possibilidades tecnológicas para efetivar a interação nos processos de ensino e aprendizagem. Todavia, isso não significa necessariamente evolução pedagógica, pois "sempre é possível usar a tecnologia mais avançada para continuar fazendo as mesmas velharias, em particular o velho instrucionismo" (Demo, 2008, p. 90).

Para não continuar no "velho instrucionismo"

A constatação que faz Pedro Demo evidencia que a posse da mais avançada tecnologia e sua aplicação no contexto educacional não significam necessariamente qualidade no processo educativo. A educação não é um conceito vazio. Ela é um processo no qual participam sujeitos que interagem num contexto histórico e social. Por essa razão, ao abordarmos a EaD, não podemos desconsiderar tais características, priorizando apenas a comunicação e as tecnologias, pois, dessa maneira, ela perderia todo seu sentido e significado.

Feitas essas ponderações que consideramos fundamentais e partindo dos questionamentos levantados anteriormente, vamos prosseguir com nossas reflexões, procurando agora apresentar uma síntese sobre os fundamentos, as características e os componentes da EaD.

---

aprendizagem. Muito citada, sua abordagem tornou-se um conceito amplamente aceito para definir o termo (Petters, 2009, p. 17).

1.2 Fundamentos, características e componentes da EaD

Apresentar fundamentos, características e componentes da EaD implica a reflexão sobre as particularidades e as complexidades que ela detém, incluindo a sua forma e constituição.

Primeiramente, abordamos os fundamentos da EaD seguindo os registros de Almeida (2002, p. 1), que cita o advento das tecnologias de informação e comunicação (TICs) quanto às novas perspectivas trazidas para a EaD, em razão das "facilidades de *design* e produção sofisticados, rápida emissão e distribuição de conteúdos, interação com informações, recursos e pessoas", conforme ilustrado na Figura 1.1 a seguir.

Figura 1.1 — A evolução das tecnologias

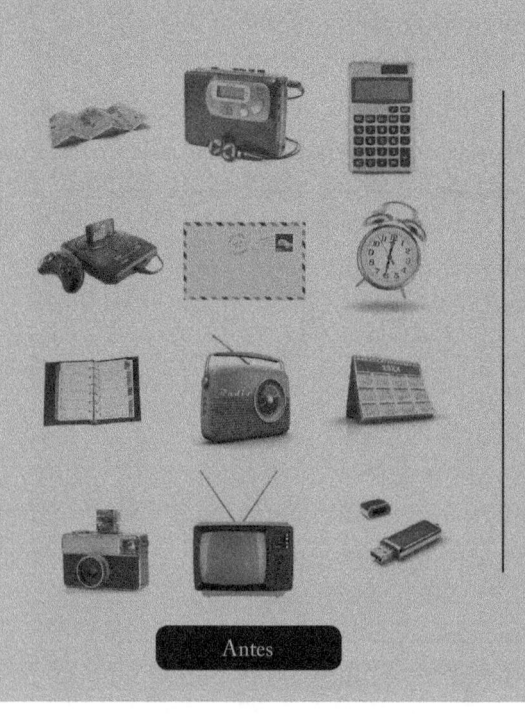

EVOLUÇÃO
Tudo em apenas um clique

Antes | Depois

Crédito: Fotolia

A tecnologia computacional é utilizada na disseminação da informação ao aluno, concomitantemente ao uso das tecnologias tradicionais de comunicação, como o rádio e a televisão. Os recursos das redes telemáticas[6] são aplicados igualmente na sala de aula presencial, com a virtualização da sala de aula, transferindo para o meio virtual o paradigma do espaço-tempo da aula e da comunicação bidirecional entre professor e alunos (Almeida, 2002).

Segundo Oliveira e Oliveira (2010, p. 3), quanto aos fundamentos:

> a disponibilização de tecnologias de informação e comunicação a alunos, colocando-os diante da informação, não necessariamente é o bastante para assegurar uma aprendizagem de qualidade. O ambiente de educação a distância deve favorecer uma aprendizagem significativa. Esses ambientes, de colaboração e aprendizagem, dispõem de, basicamente, os mesmos recursos da Internet em geral. É possível utilizar fóruns, correio eletrônico, bate-papos, conferências, bancos de dados e outros diversos. As possibilidades são ilimitadas. Esses recursos devem ser bem utilizados, de maneira a despertar ou aumentar o interesse do aluno, bem como cumprir ao principal objetivo que se propõem, que é possibilitar o aprendizado do assunto em questão.

Com a EaD, vence-se a "distância espacial", e a interatividade e as conexões são facilitadas, ultrapassando a intenção inicial de disseminação de informação e tarefas. O ambiente da EaD é elaborado de modo a envolver grupos de diversas áreas, educadores, programadores e desenvolvedores de ambientes computacionais, configurando-se como um sistema aberto com participação e controle flexível (Oliveira; Oliveira, 2010).

Sobre as características da EaD, Almeida (2011, p. 37) afirma que "a educação a distância, atualmente, caracteriza-se por utilizar diversos meios tecnológicos,

---

6 Para Pinheiro (2005), a telemática pode ser definida como a área do conhecimento humano que reúne o o produto da adequada combinação das tecnologias associadas à eletrônica, à informática e às telecomunicações. Trata-se, portanto, da junção entre os recursos das telecomunicações (satélites, telefonia, fibra ótica, cabos) e da informática (computadores, softwares, sistemas de redes, periféricos). Tal união possibilita que grandes quantidades de dados (sons, imagens, textos) sejam processadas, armazenadas e compartilhadas por usuários em qualquer parte do mundo, em curtíssimo prazo.

tanto para a comunicação entre os alunos, quanto para acesso às informações e materiais didáticos disponibilizados pelo curso".

Como podemos compreender a EaD, tendo como base a sua tecnologia?

Para Losso (2002), a EaD passou por diversas gerações. A primeira é marcada pelo material impresso como o mais importante, seguida pelas tecnologias de comunicação e telecomunicação, com ênfase na versão digital, as quais ampliaram o alcance e as possibilidades da EaD; "já a segunda geração de EaD baseia-se na utilização de multimeios, adicionados ao material impresso, à TV, ao rádio, ao correio postal e eletrônico, à telefonia e às fitas de áudio e vídeo" (Losso, 2002, p. 3).

Quanto à denominada *terceira geração*, ela abrange as duas anteriores e é acrescida de todos os recursos da informática e das telecomunicações, constituindo-se as chamadas *tecnologias interativas*, sendo que, individualmente, cada uma delas introduziu um novo elemento, promovendo dinamização à EaD e possibilitando o alcance e a atuação em uma escala significativa na contemporaneidade (Losso, 2002).

O Quadro 1.1 a seguir apresenta uma síntese dos principais meios utilizados em cada geração.

Quadro 1.1 – Gerações da EaD

	1ª geração	2ª geração	3ª geração
Meios utilizados	Material impresso + tecnologias de comunicação e telecomunicação, como o rádio e o correio.	Material impresso + utilização de multimeios, entre eles a TV, o rádio, o correio postal, a telefonia, e fitas de áudio e vídeo.	1ª e 2ª gerações + recursos da informática e das telecomunicações (tecnologias interativas).

Ainda no que diz respeito às gerações da EaD, consideradas a partir dos recursos tecnológicos empregados, outros autores, como Moore e Kearsley (1996), apresentam cinco ou até seis gerações. É importante perceber como a incorporação de novos recursos nas gerações mais recentes proporcionou aproximação e mais interatividade no processo de ensino e aprendizagem.

Quais são as características da EaD?

Rurato, Borges Gouveia e Borges Gouveia (2004, p. 8) apontam seis critérios para caracterizar a EaD. De acordo com esse pensamento, temos:

abertura: os horizontes para a oferta de cursos se ampliam e barreiras são eliminadas. O público atendido é diverso e numeroso, com diferentes níveis e estilos de aprendizagem;

flexibilidade: o estudante conta com uma estrutura que lhe permite conciliar sua formação com o trabalho e a vida familiar. Seu tempo e ritmo próprio de aprendizagem são respeitados;

eficácia: o estudante é motivado para exercer sua autonomia e aplicar o que aprende. Conta para isso com o suporte pedagógico e administrativo da Instituição de ensino;

formação permanente: a EaD ampliou muito as possibilidades de formação permanente que cada vez mais é exigida. Novos conhecimentos, atualização constante, novas habilidades são requisitos necessários no mundo atual marcado pela alta competitividade;

economia: a organização da EaD permite a participação no curso e a realização das atividades com o mínimo de deslocamento do estudante;

padronização: proporciona eficácia ao processo e a democratização do conteúdo transmitido.

De maneira geral, é possível notar como as características da EaD estão diretamente relacionadas com sua adequação às necessidades do mundo atual.

Contudo, é preciso cautela, já que o objetivo da educação é proporcionar maior qualidade de vida ao ser humano e não simplesmente adequá-lo às exigências de um contexto histórico-social determinado. Por outro lado, não se pode deixar de reconhecer o enorme potencial da educação a distância para a democratização do acesso ao conhecimento e, consequentemente, a promoção do desenvolvimento social.

A distância física que se estabelece entre alunos e professor também pode ser caracterizada como um elemento importante a ser pensado na EaD. Nesse sentido, Almeida (2006) indica, para a superação de tal distância, a busca de apoio no uso de meios e recursos tecnológicos e humanos que realizam a mediação e a interatividade com os alunos, aproximando-os entre si e dos professores e tutores. O exemplo é encontrado nos cursos virtuais, nos quais está presente uma equipe de profissionais de diferentes áreas que realizam diferentes funções (profissionais da educação, editoração, tecnologia, informática, secretaria, logística e outras).

Na EaD ocorre a interação aluno-professor, aluno-aluno, aluno-monitor e aluno-tutor, condição essencial para que o vínculo se mantenha e para que aconteçam a ação, a comunicação e a relação que encaminham à aprendizagem laborativa e argumentativamente construída (Almeida, 2006).

Isso acontece porque, segundo Belloni (1999), citado por Moré et al. (2010, p. 106), "a interação entre professor e estudantes ocorre de forma indireta e precisa ser conduzida por uma combinação de meios e tecnologias". Para Losso (2002, p. 3), "apesar das diversas denominações, estruturas, metodologias e organizações, os sistemas de EaD têm muitas características em comum", diante da necessidade social que requer a disseminação do conhecimento para todos e de um sistema educacional formal insuficiente ao atendimento desejado da educação.

Sarmet e Abrahão (2007) ressaltam como características da EaD: distância entre professor e aluno; ruptura temporal do processo de educação; mediação por um aparato tecnológico; flexibilidade na estruturação dos conteúdos e utilização de recursos tecnológicos; ênfase na autonomia do aluno como gestor do seu processo de aprendizagem; mudanças administrativas e organizacionais.

Com base nas contribuições de vários autores, é possível afirmarmos que as principais características da EaD:

- estão diretamente relacionadas com a superação das limitações de espaço e tempo por meio da utilização de recursos tecnológicos que possibilitam a comunicação entre os sujeitos do processo de ensino e aprendizagem;
- valorizam e pressupõem a autonomia do estudante para que o processo de ensino e aprendizagem se realize com eficácia;
- promovem a flexibilização com a consequente adaptação às necessidades dos estudantes.

Que recursos são utilizados para facilitar a relação professor e aluno na EaD?

Antes de partirmos diretamente para a resposta a essa questão, vale recordarmos aqui o que já se afirmou sobre o cuidado que precisamos tomar para não considerarmos a EaD um hiato no campo educacional, ou seja, considerá-la separada de seu horizonte maior, que é a seara da educação.

Não deixando de lado essa consideração fundamental, também precisamos reconhecer que a EaD apresenta características singulares, entre as quais está a utilização de recursos para a concretização da relação professor-aluno-conhecimento.

Dentre os recursos utilizados na EaD, podemos citar "a teleconferência e a videoconferência, [que] funcionam como sinais de UHF e VHF" (Faria, 2006, p. 92, grifo nosso), com aula transmitida via vídeo e/ou teleconferência, quando o professor trabalha com conteúdos e utiliza diversos recursos, sejam eles visuais, sejam eles auditivos, para elucidar as questões (Faria, 2006).

Com a teleconferência, os alunos localizados em pontos distantes assistem à aula ao vivo, em um aparelho de televisão comum, intervindo no momento em que for pertinente, utilizando-se do telefone 0800. No caso de alunos que assistem à aula por meio de um sinal de videoconferência, eles podem intervir utilizando uma câmera localizada num ponto distante do qual eles estão situados, de modo que o professor e as demais pessoas, assentadas em outros pontos, possam vê-los e ouvi-los (Almeida, 2006).

O uso do telefone 0800 facilita a comunicação direta entre os alunos e a equipe do curso, constituindo-se em uma ferramenta bastante acionada em razão de sua facilidade de uso: com esse instrumento, os alunos podem conversar "pessoalmente" com os professores e tutores, a fim de esclarecer as dúvidas relativas aos conteúdos (Almeida, 2006).

Moré et al. (2010) apresentam o sistema de acompanhamento ao estudante (SAE). Outras instituições utilizam sistema semelhante, mas com outra nomenclatura, como a sigla AVA, que significa "ambiente virtual de aprendizagem". Ambos os sistemas, que utilizam a internet como meio para estabelecer relações, funcionam como " importantes componentes da EaD no acesso à aprendizagem do estudante com maior autonomia e motivação" (Moré et al., 2010, p. 107), em razão de que na EaD o ensino está a cargo da instituição, e não do professor.

> Tido como um dos principais recursos da EaD, "interativo e colaborativo nos cursos a distância, a página do curso na internet (HTML[7]) que dá suporte e pode ser descrita como gerenciador do ambiente virtual de aprendizagem. É nesse ambiente virtual que o aluno encontra as ferramentas de comunicação e de colaboração, *links*[8] para outros *sites*, informações sobre o curso e sobre seus colegas, espaço de lazer, exercícios e toda a estrutura virtual do curso." (Almeida, 2006 p. 93).

Couto (2006, p. 4), com respeito às características, afirma que:

Independentemente da abordagem adotada na concepção de um curso na modalidade a distância, as suas características se resumem em o aluno e o professor não se encontrarem no mesmo espaço físico; não há o deslocamento a um local específico para se dedicar às tarefas de aprendizagem, a não ser em casos particulares, como cursos com momentos de laboratórios ou oficinas; não há um horário rígido e fixo para estudar; a aprendizagem acontece de forma individualizada, de acordo com o ritmo e as capacidades dos alunos, independente

---

7   HTML (*HyperText Markup Language*) é a abreviação inglesa que significa "linguagem de marcação de hipertexto", ou seja, é um estilo de marcação utilizado para produzir páginas na internet.

8   *Link* (ligação): Trata-se de uma indicação inserida em um hipertexto que se remete a partes desse documento ou a outro documento. No caso de um AVA, temos *links* que podem nos direcionar a algum elemento dentro do próprio AVA ou externamente a ele.

do grupo, como se verifica no ensino presencial em classe; a aprendizagem tem como base materiais mediatizados, elaborados por especialistas, com a função de favorecer uma motivação extrínseca, conducente a uma aprendizagem eficaz; a comunicação com a instituição é bilateral e realizada pelos meios de comunicação disponíveis.

Os fundamentos da EaD são apresentados por Rurato, Borges Gouveia e Borges Gouveia (2004) na distância física entre facilitador e aprendente. Assim, teremos um fundamento quando a presença do facilitador ou da pessoa com quem o aprendente vai dialogar não for necessária ou indispensável para que ocorra a aprendizagem, e teremos outro quando, no estudo individualizado e independente, o aluno se vê capaz de construir seu caminho e seu conhecimento por si próprio, adquirindo autonomia e tornando-se autodidata e autor de suas práticas e reflexões.

A reportagem publicada pela *Folha Online* e apresentada a seguir mostra algumas das características que o aprendente precisa ter no EaD.

Aluno de ensino a distância deve ser disciplinado e independente

O interessado em fazer um curso a distância não pode ser dependente do professor e precisa ter disciplina. O próprio presidente da Abed (Associação Brasileira de Educação a Distância), Frederic Michael Litto, 65 anos, admite que a modalidade "não é para todos".

"O aluno que precisa do professor ao lado dele, cobrando ou elogiando, não é bom para educação a distância", afirma Litto. "[É preferível] um aluno um pouco mais maduro, autônomo. E que cumpra os prazos". A responsável pelo Departamento de Educação a Distância do Senac, Rosana Martins, concorda com Litto. "[O aluno] tem que saber organizar o seu tempo, ter comprometimento com a rotina", diz ela.

Justamente por conta desses requisitos que, no geral, os estudantes da educação a distância têm, em média, 25 anos e procuram completar uma formação já existente. "Normalmente já são graduados. São pessoas mais velhas que, em primeiro lugar, não têm disponibilidade de horário", explica Rosana Martins.

O presidente da Abed diz que, antes de iniciar um curso não presencial, o interessado deve avaliar se possui essas características, para evitar perda de dinheiro e de tempo. "As taxas de evasão são maiores na educação a distância do que na presencial. Nos telecursos, por exemplo, às vezes é de 60%. Na internet há redução [nesse número], porque há contato entre os alunos nos fóruns, o que estimula o estudante a continuar."

[...]

A importância da internet é consenso entre os educadores atuantes na EaD. "É possível tornar o relacionamento mais próximo. Há interação, além de ferramentas como as *webcams* (câmeras de computador) e os *chats*. Eles permitem a troca imediata de experiências", afirma Martins. "É o ambiente ideal de trabalho", declara por sua vez o professor da Faculdade de Educação da Unicamp Sergio Ferreira do Amaral, pesquisador da universidade em novas tecnologias aplicadas à educação.

Fonte: Marques; Takahashi, 2004.

Na EaD, procura-se estimular a autonomia, o planejamento, a organização e o autoaprendizagem dos alunos. As ferramentas que podem auxiliar nesse processo têm se desenvolvido a cada dia: a internet, o rádio, a televisão, os aplicativos para celular, que ajudam a diminuir a distância física que separa os sujeitos da aprendizagem e transformam a educação em algo universal e sem limites.

Nesse contexto, a comunicação deve ser sempre destacada e trabalhada, pois a educação pressupõe também uma comunicação ativa, bilateral e eficaz para que os sujeitos aprendam, troquem experiências e vivências e estimulem a criatividade e a produção de conhecimento.

1.3 EaD: implicações para o trabalho docente

Você matricularia seu filho em uma escola se soubesse que todos os professores que nela trabalham se formaram a distância?

Conforme demonstram as estatísticas das pesquisas educacionais no Brasil, a maioria das matrículas em cursos de graduação a distância está concentrada nos cursos de licenciatura, aparecendo em primeiro lugar o de Pedagogia. Esses dados chamam atenção e, ao mesmo tempo, demonstram a importância de analisarmos e aprofundarmos as reflexões sobre a educação a distância e suas implicações para o trabalho docente. Conforme o Gráfico 1.1 a seguir, podemos verificar as concentrações de matrículas nas modalidades presencial e a distância.

Gráfico 1.1 – Distribuição do número de matrículas de graduação por modalidade de ensino, segundo o grau acadêmico – Brasil – 2011

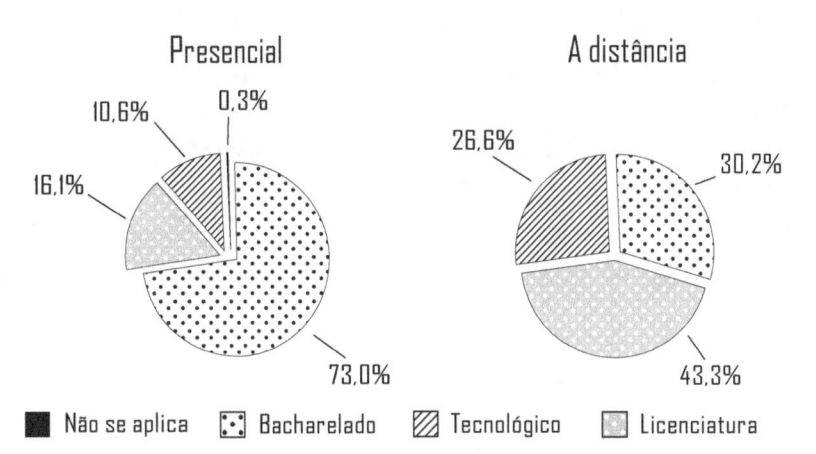

Presencial
- 10,6%
- 0,3%
- 16,1%
- 73,0%

A distância
- 26,6%
- 30,2%
- 43,3%

■ Não se aplica   ⋮ Bacharelado   ▨ Tecnológico   ▦ Licenciatura

Nota: "Não se aplica" corresponde à área básica de ingresso, na qual não está definido o grau acadêmico.

Fonte: Brasil, 2013, p. 57.

Diante dessa realidade, vamos fazer aqui dois questionamentos:
I. O que muda no trabalho do professor com a EaD?
II. Será que corremos o risco de os professores serem substituídos pelas máquinas?

A crescente demanda por conhecimento, solicitada atualmente por todos os setores da sociedade, aumenta as exigências para com os responsáveis mais específicos relacionados a esse fenômeno: os professores. Dessa forma, exige-se muito mais de todo o sistema educacional, e, por conseguinte, a busca de formação contínua por parte do professor passa a ser fundamental e indispensável para que ele possa atender às necessidades que estão postas (Alves; Rado, 2009). O texto a seguir reflete sobre as afirmações aqui feitas.

Educação a distância, uma pequena revolução

A EaD é uma modalidade de educação inclusiva e democrática, que deve ser percebida como uma alternativa de acesso ao conhecimento.

[...] Atualmente, há no Brasil cerca de 1 milhão de alunos matriculados nos cursos autorizados na modalidade a distância. Esse número chega a 2,5 milhões se forem considerados os cursos livres e corporativos na mesma modalidade. Uma pequena revolução que está levando educação de qualidade a todas as regiões do país – onde houver um sinal de tevê ou uma conexão de Internet. O mercado que absorve os profissionais oriundos da EaD os reconhece como plenamente habilitados. É preciso que olhemos para o futuro, corrigindo eventuais erros de rota, mas reconhecendo que o ensino a distância representa oportunidade e democratização do ensino num país ainda tão carente de educação.

Fonte: Gaio, 2012.

O Censo da Educação Superior, divulgado pelo Instituto Nacional de Estudos e Pesquisas Educacionais Anísio Teixeira (Inep) em 2010, registrou um aumento de 30,4% nos cursos de educação superior de 2008 para 2009. Também em 2009, o número de matrículas atingiu 14,1% do total de matrículas na graduação (Brasil, 2010). Reiterando informação anterior, convém mencionarmos ainda, em relação ao número de matrículas, que, se nos cursos presenciais 71% deles envolvem bacharelado, na EaD metade é de licenciatura. Nesse sentido, de um total de 838.125 matrículas, 286.771 concentram-se em Pedagogia, o maior curso em número de matrículas na modalidade EaD no Brasil (Brasil, 2010). O Gráfico 1.2 ilustra tal questão.

Gráfico 1.2 – Distribuição de matrículas na graduação por modalidade em 2009

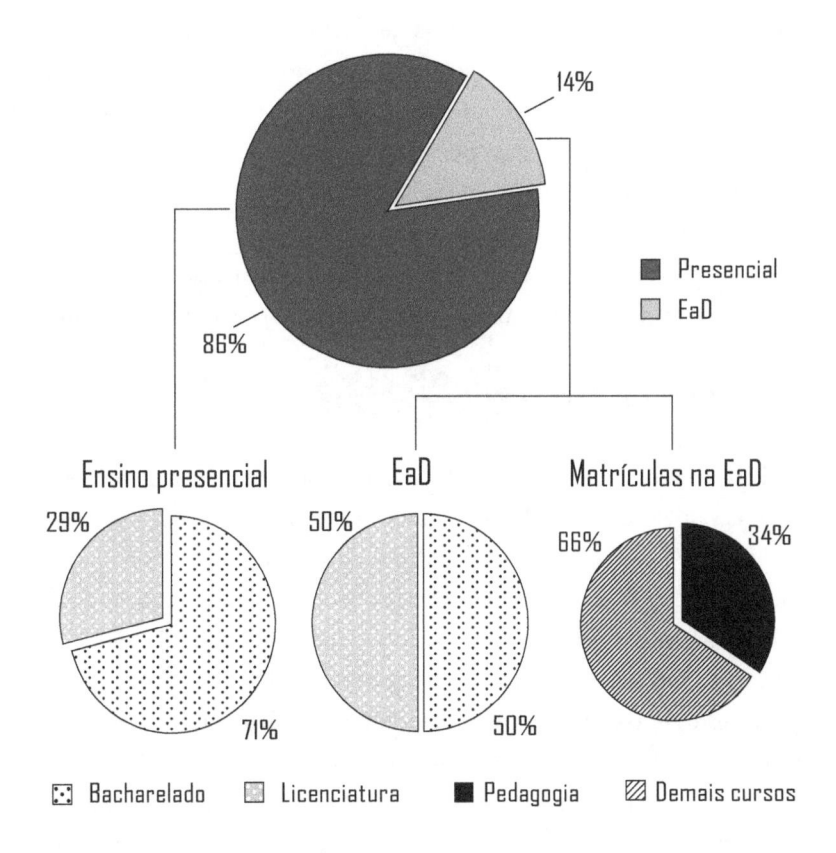

Presencial: 86%
EaD: 14%

Ensino presencial
- Bacharelado: 71%
- Licenciatura: 29%

EaD
- Bacharelado: 50%
- Licenciatura: 50%

Matrículas na EaD
- Pedagogia: 34%
- Demais cursos: 66%

⦂ Bacharelado   ▦ Licenciatura   ■ Pedagogia   ▨ Demais cursos

Fonte: Adaptado de Brasil, 2010, p.13.

Os dados apresentados mostram o crescimento acentuado da EaD em nível superior nos últimos anos em nosso país. De acordo com as estatísticas, há uma concentração de matrículas nos cursos de licenciatura, portanto, na formação de professores.

Entretanto, precisamos observar que, em alguns casos, tanto no setor privado, que concentra o maior número de matrículas, quanto no âmbito público, que cada vez mais aposta nessa modalidade, nem sempre são oferecidas condições concretas para proporcionar uma educação a distância de qualidade socialmente referenciada. Grandes passos já foram dados, mas sabemos que ainda há muito a fazer.

Retomando, então, nossos questionamentos, precisamos agora considerar que grande parte dos professores que já atua e que ainda irá atuar está sendo formada na modalidade a distância. Nesse sentido, Moran (2007) afirma que, apesar do preconceito, hoje há muito mais compreensão de que a EaD é fundamental para o país. E como complementa Carlos Eduardo Bielshowsky (2010), que foi secretário nacional de educação a distância, "não há outro caminho que não seja investir na qualidade, porque [a EaD] não tem retorno". A importância da EaD é ainda mais reafirmada como estratégia para a superação de desigualdades, uma vez que a parcela da população que tem acesso ao ensino superior ainda é insatisfatória.

Mas o que muda no trabalho do professor com a EaD?

Para Bruno e Lemgruber (2009), são colocados diversos pontos de interrogação nas discussões sobre EaD, os quais se estendem desde a própria disponibilidade de professores até o questionamento sobre a identidade docente do tutor. "No entanto, a EaD não prescinde do professor, como se sua mediação pedagógica pudesse ser exercida por técnicos especialistas em informática. Ao contrário, a função docente se alarga" (Lemgruber, 2008 p. 8).

Assim, o professor incorpora características bastante particulares nessa forma de organização da educação. De acordo com Belloni (2008), o profissional da educação assume múltiplas funções que podem ser expressas da seguinte maneira:

- Conceptor e realizador de cursos e materiais, que prepara os planos de estudo, currículos e programas, seleciona conteúdos e elabora textos-base para as disciplinas do curso.

- **Professor formador**, que orienta o estudo e a aprendizagem, dando apoio psicossocial ao estudante; ensina a pesquisar, a processar a informação e a aprender.
- **Professor pesquisador**, que pesquisa e se atualiza em sua disciplina específica, em teorias/métodos de ensino e aprendizagem, reflete sobre sua prática e participa da pesquisa dos seus alunos.
- **Professor tutor**, que orienta o aluno em seus estudos relativos à disciplina pela qual é responsável, esclarece dúvidas e explica questões relativas aos conteúdos da disciplina.
- **Tecnólogo educacional**, que é responsável pela organização pedagógica dos conteúdos e por sua adequação aos suportes técnicos a serem utilizados na produção de materiais de curso, sendo sua tarefa mais difícil integrar as equipes pedagógicas e técnicas.
- **Professor recurso**, que assegura uma espécie de "balcão de respostas" para as dúvidas pontuais dos alunos relativas ao conteúdo e à organização dos estudos e avalições.
- **Monitor**, que coordena e orienta a exploração de materiais em grupos de estudo de modo que sua função se relaciona mais com sua capacidade de liderança do que com o conhecimento dos conteúdos estudados.

Como expressa Belloni (2008), essa lista não é exaustiva e nem todas as funções nela destacadas estão presentes em todos os modelos de EaD. No entanto, elas demonstram a divisão do trabalho na EaD, cuja característica principal é "a transformação do professor de uma entidade individual em uma entidade coletiva" (Belloni, 2008, p. 81).

Os elementos apresentados ajudam a perceber a complexidade presente na organização de um sistema de EaD. Nele, o professor tende a se tornar uma entidade coletiva, ou seja, a totalidade do seu trabalho depende das outras partes que atuam no processo.

Síntese

Neste capítulo abordamos a questão da pesquisa e das práticas pedagógicas em EaD. Procuramos evidenciar o que caracteriza uma prática para que ela seja considerada pedagógica e observamos que ela também pode ser vista como prática social, apresentando características singulares quando na EaD.

Apresentamos os fundamentos, as características e os componentes da educação não presencial, evidenciando a necessidade de compreendê-la no horizonte maior que é a realidade da educação, para evitar o perigo de considerá-la um hiato. O ambiente educacional na EaD exige uma transformação significativa de paradigmas, capaz de colaborar com os alunos no processo educacional. Dessa forma, apresentamos alguns recursos e componentes que podem auxiliar nesse processo educacional que demonstra ter suas características próprias, utilizando diversos meios tecnológicos que colaboram com a comunicação, tanto para o acesso às informações quanto para os materiais didáticos utilizados pelos alunos.

Por fim, tratamos das implicações da EaD para o trabalho docente. Procuramos, ainda, enfatizar que, na EaD, o professor é visto como uma entidade coletiva (Belloni, 2008), principalmente pela organização do trabalho docente nessa modalidade, marcada pela divisão e especialização.

Vídeos

ALGUNS CONCEITOS sobre EaD. Disponível em: <http://www.youtube.com/watch?v=G0TM1NU405M>. Acesso em: 26 fev. 2014.

O vídeo não só reúne de forma dinâmica e bem-humorada alguns dos principais conceitos e reflexões sobre EaD, mas também mostra como o crescimento e a evolução dessa modalidade acompanharam o desenvolvimento dos recursos tecnológicos por ela utilizados.

MORAN, J. O que é EaD. Disponível em: <http://www.youtube.com/watch?v=MdPqYTWrkKc>. Acesso em: 26 fev. 2014.

No vídeo, o professor José Manuel Moran enfatiza algumas características da EaD, salientando que nessa modalidade o profissional da educação é menos informador e mais orientador. A partir de um breve apanhado do percurso histórico da EaD, Moran aborda a situação atual de tal modalidade no Brasil e no mundo.

Periódico

RBAAD – Revista Brasileira de Aprendizagem Aberta e a Distância

A RBAAD é um jornal eletrônico interativo que focaliza a pesquisa, o desenvolvimento e a prática da EaD em todos os níveis. Por ser uma esfera interacional, constitui excelente indicação para pesquisas nessa área.

Para assimilar de forma mais clara todo o processo da EaD, convidamos o leitor a assistir a dois vídeos que explicam de forma clara e sistemática o que é a EaD e seus conceitos, fazendo uma retrospectiva histórica dessa realidade educacional.

Blogs

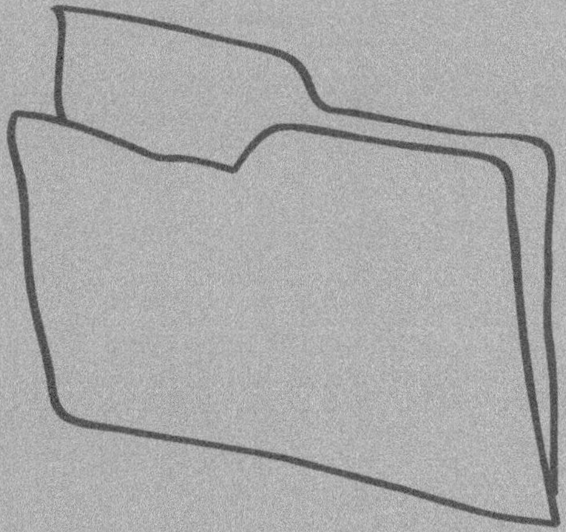

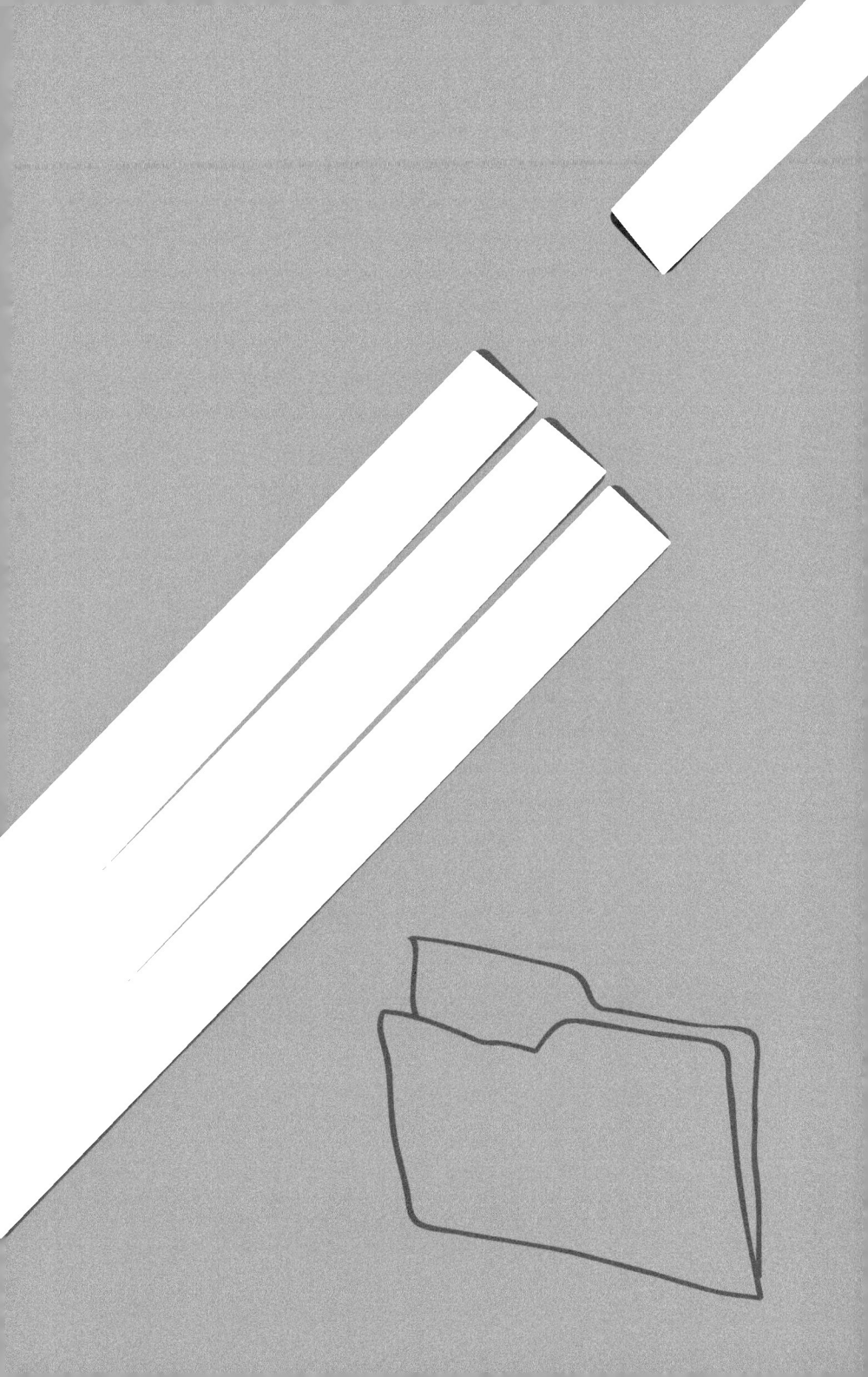

Neste capítulo, vamos abordar a questão do tempo e do espaço educativo na educação a distância (EaD), destacando a importância das tecnologias e da aplicação destas nesse contexto. Assim, empreenderemos uma análise dos ambientes virtuais de aprendizagem (AVAs), que apresentam diversas ferramentas, como os fóruns, os *chats* e as rotas ou trilhas de aprendizagem. Por fim, refletiremos sobre a autonomia e o comportamento ético dos sujeitos da EaD, já que não faria sentido falar do tempo e do espaço educativo nessa modalidade educacional sem falar dos sujeitos nela envolvidos.

2.1 Novos tempos? Novos espaços? Novas práticas?

A cada dia nos deparamos com um mundo mais tecnológico e digital. São tantas novidades que às vezes se torna quase impossível acompanharmos todas: realidade aumentada[1], aplicativos, novos modelos de celular e de computador. Se bem utilizadas, essas ferramentas podem nos auxiliar bastante na construção do conhecimento. Durante este capítulo, nós nos aprofundaremos em algumas dessas ferramentas tecnológicas e mostraremos aplicabilidade destas na EaD.

Será que poderíamos pensar em EaD um século atrás?

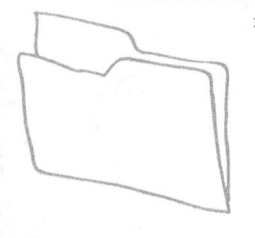

---

[1] Realidade aumentada é uma nova ferramenta bastante utilizada em propagandas e multimídias. Consiste em usar um código impresso refletido na *webcam* para apresentar vídeos, imagens ou animações na tela. Para saber mais: MARTIN, H. O que é realidade aumentada? Revista Galileu. Disponível em: <http://revistagalileu.globo.com/Revista/Galileu/0,,EDG87006-8077-217,00-O+QUE+E+REALIDADE+AUMENTADA.html>. Acesso em: 26 fev. 2014.

A EaD é muito antiga, e, para entendermos como ela iniciou, temos de pensar em um espaço e tempo diferentes do nosso, desprovidos das tecnologias e dos recursos hoje disponíveis.

A EaD no Brasil começou em um cenário no qual uma parcela considerável da população vivia em regiões mais retiradas e possuía poucos recursos tecnológicos para se comunicar a distância.

Em virtude desses obstáculos, a educação não presencial no Brasil se dava via correspondência, que permaneceu por algum tempo como forma dominante e, posteriormente, conjugada com outros recursos. A principal finalidade dos cursos por correspondência era o ensino técnico e a profissionalização, tendo em vista a política pública nacional de ampliação da industrialização do país com vistas ao crescimento econômico.

A forma mais memorável da EaD no século passado era disponibilizada pelo Instituto Universal Brasileiro (IUB), que utilizava correspondência e divulgação em material impresso em alguns periódicos da época.

No entanto, é importante frisar que a primeira forma de EaD no Brasil se fez presente por meio da radiodifusão, na década de 1900, conforme assinalam Guarezi e Matos (2009, p. 43): "Trata-se da fundação da Rádio Sociedade do Rio de Janeiro, que transmitia programas de literatura, radiotelegrafia e telefonia, línguas e outros em 1923, coordenada por um grupo da Academia Brasileira de Ciências".

Depois da correspondência e do rádio, foi a vez de a televisão ser utilizada como recurso para a democratização do acesso à educação. Entre essas iniciativas, podemos destacar o *Telecurso Segundo Grau* e o programa *Salto para o Futuro*, ambos oferecidos até hoje. Convém destacar que a introdução de uma nova tecnologia nesse processo histórico não significa necessariamente o desaparecimento das anteriores, mas uma incorporação de recursos.

Após a televisão, seguiu-se a popularização da internet em todo o mundo nas décadas de 1980/1990, chamando a atenção dos professores da EaD.

O estabelecimento da sociedade informatizada, que tem seu início marcado na década de 1970 com a convergência tecnológica e a expansão do *personal computer* (PC) e, logo após, nos anos de 1980 e 1990, com a popularização da Internet, modificando o que antes era PC em um computador coletivo (CC), conectado ao ciberespaço (Lemos, 2004), ainda se configura como uma ação em desenvolvimento gradual em muitos países. E no Brasil o processo de democratização do universo informatizado é caracterizado como um ambiente multiforme e em descompasso. Basta estender um olhar sobre as regiões do país para perceber a discrepância da informatização entre os estados. (Bastos, 2011, p. 4)

Na década de 1980, introduziu-se a EaD nos ambientes acadêmicos, chegando à Universidade de Brasília (UnB) e à Universidade Federal do Mato Grosso (UFMT). "A UnB é reconhecida como pioneira na consolidação dessa nova modalidade de ensino no Brasil" (Guarezi; Matos, 2009, p. 36).

Hoje, a EaD leva a educação a todo lugar, pois vivemos em um mundo globalizado, onde as pessoas que escolhem estudar a distância geralmente têm acesso à internet, mesmo que em *lan houses* ou na própria faculdade. Além disso, muitos telefones celulares já dispõem de acesso à internet e, por meio deles, também é possível comunicação com os tutores.

Segundo Levy (1999), o uso crescente das tecnologias digitais e das redes de comunicação interativa acompanha e amplifica uma mudança profunda na relação com o saber. Nesse contexto, impõe-se como um dos grandes desafios saber o que fazer para manter as práticas pedagógicas atualizadas.

Não se trata aqui de usar as tecnologias a qualquer custo, mas sim de acompanhar consciente e deliberadamente uma mudança de civilização que questiona profundamente as formas institucionais, as mentalidades e a cultura dos sistemas educacionais tradicionais e, sobretudo, os papéis de professor e de aluno.
(Levy, 1999, p. 172)

As barreiras de espaço e de tempo são cada vez menores, ampliando as possibilidades de interações. Tudo é mais rápido e menos distante. O campo da educação não pode ser isento dessas transformações, e, nesse sentido, a EaD passa a ocupar um lugar de destaque nas discussões e decisões sobre a educação.

2.2 Tempo e espaço na educação a distância

Quem é o aluno da EaD?

O público dos cursos realizados na modalidade a distância é muito variado. Se pensarmos no ensino superior, por exemplo, podem ser alunos recém-saídos do ensino médio, ou, então, pessoas que estão há anos sem estudar, das mais diversas classes sociais, oriundas do ensino público ou do particular, as quais, pelos mais variados motivos, optaram pela educação não presencial. Podem ser também pessoas já familiarizadas com o uso do computador ou que sentem medo ou receio de utilizá-lo. Contudo, segundo dados da Associação Brasileira de Educação a Distância (Abed), existe um público dominante quando o assunto é EaD. Confira no texto a seguir.

Perfil do estudante

O estudante de EaD tem alguns diferenciais. Ao contrário do curso presencial, é ele quem vai conduzir o próprio estudo, e não o professor. O estudante precisa se organizar e dividir bem o tempo. "A autonomia que a modalidade possibilita implica uma maturidade do aluno para que ele dê conta de entregar os trabalhos, estudar e realizar as provas. Independentemente da metodologia, o ensino a distância exige muita disciplina do aluno", avisa Carlos Longo, diretor de EaD do Ibmec Online das Faculdades Ibmec.

Dados do censo 2009 da Associação Brasileira de Educação a Distância (Abed) apontam que 53,4% dos alunos de EaD são mulheres, e a faixa etária mais presente é a que vai de 30 a 34 anos. "Tanto no exterior como no Brasil, o perfil de aluno de EaD está concentrado nas faixas etárias dos 30 anos e 40 anos. São pessoas mais maduras", define o especialista, que trabalha há 13 anos com educação a distância.

Fonte: Costa, 2010.

Esse perfil dominante apresentado pelo texto não exclui a possibilidade da existência de diversos perfis nas turmas de EaD, nas quais encontraremos milhares de alunos, milhares de histórias, milhares de perfis. Mas talvez seja possível perceber uma característica em comum na maioria desses casos: a escolha pela EaD justifica-se pela falta de tempo, embora saibamos que há muitos outros fatores que a influenciam e que ela varia de situação para situação.

Sem dúvida, configura-se aqui um dos principais motivos apontados para escolher um curso na modalidade a distância: ganhar tempo.

Mas como o aluno da EaD estuda?

É um equívoco pensar que o aluno de EaD não tem de estudar porque não está dentro de salas de aula organizadas de acordo com os moldes tradicionais. Ele estuda tanto quanto um aluno de um curso presencial.

Uma das características essenciais a esse estudante é a organização. O aluno precisa organizar seu tempo, reservando espaço para estudos individuais, como leituras e produções de textos, e tempo para os estudos em grupos mediados pelas tecnologias. Nesse ponto, podemos citar a participação em *chats*, fóruns de discussões, videoconferências, entre outros.

Portanto, é preciso que o aluno tenha muita disciplina e esteja focado no que deseja. Afinal, ele se prepara para fazer uma mediação, estuda todo o material, lê os livros e está pronto para participar dos fóruns, mas, quando liga o computador, automaticamente a janela do Skype® aciona o Facebook®, que está salvo na relação de *sites* favoritos, o YouTube® abre na página inicial do provedor e, de repente, já passaram cerca de três horas e ele está perdido nas "armadilhas da internet".

Diante de tal situação, é muito válido questionar:

> Se esses canais são tão atrativos, por que não utilizá-los também como fonte de aprendizagem? Por que não obter conhecimento nas redes sociais?

Para começarmos a responder a essas questões, cabe a citação de Mattar (2012b, p. 26):

"Não interessa a simples interação com as máquinas, mas as interações entre seres humanos, que podem ser mediadas por computadores".

Mas que ferramentas nós podemos utilizar para realizar essas interações?

Talvez você tenha pensado nos AVAs, nos quais temos *chats*, fóruns, vídeos, entre outros recursos. Os AVAs são as ferramentas mais utilizadas em cursos realizados na modalidade a distância, ainda que estejam longe de ser as únicas. O aluno pode utilizar, inclusive, as redes sociais, desde que tenha disciplina e foco.

Então, vamos agora conhecer algumas das ferramentas utilizadas na comunicação entre os participantes de cursos na modalidade a distância.

Vale lembrar que os recursos apresentados a seguir também são usados em cursos presenciais, pois atualmente se verifica uma confluência de práticas e recursos, de modo que alguns elementos mais característicos da EaD são utilizados na modalidade presencial, da mesma maneira que algumas práticas próprias da modalidade presencial também são realizadas em cursos a distância. Basta citar, por exemplo, o fato de um professor do ensino presencial disponibilizar material para os alunos em um *blog* ou *site*, responder a dúvidas por *e-mail*, ou, então, por outro lado, o professor tutor realizar uma aula inaugural com a turma ou mesmo orientar individualmente cada estudante.

2.3 AVA, LMS ou SGA

Os AVAs, LMSs (*learning management systems*) ou o sistema de gestão da aprendizagem (SGA) são *softwares* desenvolvidos sobre uma metodologia pedagógica para auxiliar a promoção de ensino e aprendizagem a distância ou semipresencial. Essas ferramentas, portanto, constituem plataformas educacionais que auxiliam no gerenciamento de aprendizagem.

Elas são as mais conhecidas e mais utilizadas ferramentas de comunicação de ensino e aprendizagem da EaD. Um dos motivos é que, nessas plataformas, as quais, *grosso modo*, poderíamos chamar de salas de aula *on-line*, o professor não só pode disponibilizar recursos utilizados como suporte para promover a aprendizagem e a produção do conhecimento, como vídeos, textos, materiais de apoio, atividades, mas também realizar fóruns, *chats* e outros.

A seguir, passaremos à apresentação mais detalhada das ferramentas hoje usadas na EaD.

Figura 2.1 Logomarca do Moodle

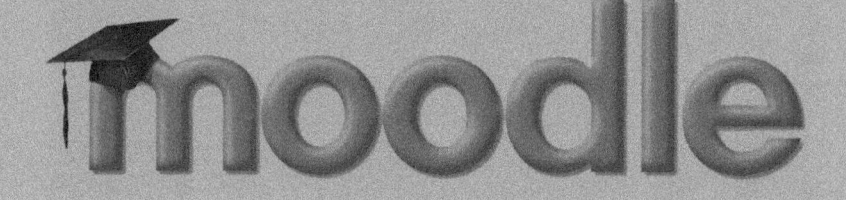

O AVA mais utilizado no Brasil é o Moodle (*modular object-oriented dynamic learning*), desenvolvido em 2001 e adotado pela Universidade Aberta do Brasil (UAB), um dos portais mais lembrados quando se fala em EaD. Ele se caracteriza pela didática clara e a facilidade de interação entre os usuários e, além disso, conta com alguns aplicativos ímpares, como o Moogle (um pesquisador similar ao Google®), Google Maps® para localizar os usuários, páginas para exibição de portfólios e jogos didáticos como *sudoku* e forca.

Mas, além desses aplicativos, o Moodle disponibiliza as tradicionais ferramentas que são utilizadas em quase todos os AVA. Essas atividades podem ser realizadas em transmissões síncronas e assíncronas, cujos conceitos são apresentados por Netto (2005):

- Síncrona: É o tipo de comunicação que exige participação simultânea dos envolvidos. Como exemplos podemos citar, entre outros, conferências, seminários, *chats* e conversas por telefone.

- **Assíncrona**: É o tipo de comunicação que não exige a participação dos envolvidos em tempo real, pois se realiza em tempos e lugares diferentes. Portanto, não é necessário que os participantes estejam reunidos em um mesmo local ao mesmo tempo. Como exemplos podemos citar o *e-mail* e *NewsGroup* (fóruns ou grupos de discussão pela internet).

Os dois tipos de ferramentas, síncronas ou assíncronas, têm como função auxiliar o processo de ensino e aprendizagem. Como elas apresentam características específicas, a seguir vamos analisar cada tipo de ferramenta e sua aplicação na EaD.

2.3.1 *Chats* ou salas de bate-papo

São ferramentas síncronas, ou seja, exigem que os usuários estejam *on-line*, conectados na mesma hora e na mesma sala de bate-papo ou *chat*. A maioria dos AVA dispõe dessa ferramenta.

Para que o *chat* aconteça de maneira produtiva, é interessante que o professor já tenha escolhido um tema, os *links* e os vídeos ou textos para discussão naquele momento, ainda que o *chat* também possa ser usado para tirar dúvidas.

Caso o AVA não disponha de *chat*, existem outras opções, como os espaços de bate-papo de alguns *sites* ou até mesmo aqueles que ocorrem por meio de programas como o Talk®, do Google®, e o Skype®.

2.3.2 Fóruns

Os fóruns são uma das ferramentas mais democráticas utilizadas na EaD. Consistem em um tipo de comunicação assíncrona, pois não é necessário estar conectado ao mesmo tempo com os demais participantes dos debates, embora seja preciso que todos os usuários participem para uma aprendizagem efetiva. Em alguns cursos, consideram-se as participações nos fóruns um requisito avaliativo.

Nos fóruns, o professor geralmente coloca um tema ou material de estudo (texto, *link*, vídeo) e os alunos têm a liberdade de expor suas opiniões. É importante que o professor e os demais alunos interajam com bastante frequência, caso contrário, o fórum pode se tornar monótono, desmotivando os participantes de postarem suas considerações.

Há diversas formas de organização de fóruns, como explica Mattar (2012b, p. 12):

> os novos tópicos nos fóruns podem ser criados apenas pelo professor, em outros casos também pelos alunos. As perguntas podem ser propostas apenas pelo professor, mas a interação pode também ser mais livre, e os próprios alunos podem fazer perguntas e, inclusive, responder às dúvidas dos colegas.

Ainda existe a possibilidade de os fóruns serem moderados por um administrador, que pode ser o professor, a quem cabe ler os tópicos dos participantes e aprovar ou reprovar sua postagem. Alguns fóruns permitem que os autores editem ou excluam suas postagens.

Mas os fóruns não são exclusividades dos AVAs, pois podemos usá-los nas redes sociais, como o Facebook® e o Twitter®, e nos *blogs*. Estudaremos com mais ênfase cada uma delas no decorrer deste livro.

2.3.3 Rotas ou trilhas de aprendizagem

Os nomes das rotas ou trilhas de aprendizagem podem variar de AVA para AVA, mas a ideia principal é que nesse campo seja possível compartilhar *links*, materiais, videoaulas, *e-books*[2] ou os recentes *hiper-books*[3].

Esse material dá base para os fóruns, *chats* e outras atividades, e, portanto, é primordial que ele seja alimentado com elementos diversos que despertem a curiosidade dos alunos e sugiram pesquisas complementares.

---

2   *E-books* (livros eletrônicos): São livros em formato digital que podem ser lidos em computadores, PDA (*Personal Digital Assistant*), leitor de livros digitais ou até mesmo celulares que tenham recurso para isso.

3   *Hiper-books*: São uma espécie de livro digital, mas que contam com diversos recursos, como vídeos, músicas, textos, entre outros, com a finalidade de favorecer o processo de aprendizagem.

Alguns livros são ofertados em versão *e-book* gratuita e podem ser visualizados no computador ou em *tablets*[4] e *palmers*[5]. Há programas que permitem ao leitor folhear os livros, marcar (como se tivesse usando caneta marca-texto) trechos importantes e até imprimir as páginas de que mais gostou.

Os *hiper-books* são ferramentas novas, ainda pouco comuns, mas muito atrativas, pois permitem acesso a vídeos, músicas e textos. Eles funcionam como o *e-book*, ou seja, podem ser folheados, com a diferença de que nas páginas o usuário encontra outras mídias interativas e não apenas textos.

2.3.4 Moocs (*massive open online courses*)

Moocs são novas modalidades de cursos a distância que consistem em cursos gratuitos, sem certificado, e que, como o nome *open* sugere, estão abertos a qualquer pessoa, sem requisito.

A plataforma de aprendizagem dos Moocs são dinâmicas e permitem muita interatividade dos cursistas, pois a ideia principal está centrada na construção de materiais, debate e muito diálogo. A colaboração de todos por meio da produção de vídeos, textos e comentários nos fóruns faz com que os Moocs agrupem muitos especialistas e curiosos para produzirem conhecimento e bons materiais.

Para saber mais sobre Moocs: MATTAR, J. Mooc. Blog de Mattar, 2012. Disponível em: <http://joaomattar.com/blog/2012/03/24/mooc/>. Acesso em: 26 fev. 2014.

---

4 *Tablets*: São dispositivos pessoais em forma de prancheta. Podem ser usados, entre outras funções, para acesso à internet, visualização de fotos, vídeos, leitura de livros. Contam com uma tela sensível ao toque (*touchscreen*), de modo que a ponta dos dedos ou uma caneta aciona suas funcionalidades.

5 *Palmers*: São computadores de dimensões reduzidas, mas com grande capacidade computacional, como para acesso à internet. Contam com aplicativos para as mais diversas finalidades, como agenda, gravação de vídeos, fotos, entre outros.

2.4 As redes sociais como ferramenta de aprendizagem

Estamos vivendo em um momento no qual a informação é disponível e facilmente acessíveis às pessoas por meio de celulares, computadores, entre outros suportes e meios. A internet disponibiliza um pouco de tudo: de livros a artigos científicos, de vídeos e fotos a oportunidades para comprar e vender. E as redes sociais disponíveis, apresentadas na Figura 2.2, vêm a cooperar com esse dinamismo:

Figura 2.2 Redes sociais

Como essas tecnologias evoluem muito rapidamente, parece-nos praticamente impossível acompanhar todo esse avanço.

Há menos de dez anos, por exemplo, todos nós utilizávamos diversos disquetes para carregar arquivos e compartilhar informações. Atualmente, a maioria dos computadores não apresenta mais entrada para esse tipo de dispositivo, do qual as novas gerações pouco ou quase nada ouviram falar.

Quem escolhe trabalhar com a EaD encara também o desafio de acompanhar o avanço dos processos tecnológicos, sobretudo no que diz respeito à aplicação da tecnologia para o ensino e aprendizagem. Afinal, com a "explosão" de tecnologia, é necessário saber selecionar as informações e transformá-las em conhecimento, fazendo com que as interações virem interatividade. Ou seja, o contato com a informação por meio dos diversos recursos tecnológicos disponíveis precisa promover a pesquisa e a produção de novos conhecimentos, e não simplesmente a "pescópia"[6], a utilização dos atalhos ctrl+c (copiar) e ctrl+v (colar).

Existe alguma diferença entre *interação* e *interatividade*?

De um modo simples e direto, podemos afirmar que *interação* diz respeito quase sempre às relações humanas, ao passo que interatividade se refere à relação homem-máquina[7]. Assim, a interação acontece geralmente quando duas ou mais pessoas se comunicam, enquanto a interatividade é uma qualidade das máquinas consideradas "inteligentes". Como exemplo, citamos as telas interativas e a comunicação realizada por meio de interfaces tecnológicas.

Todos nós somos seres capazes de interação; Piaget e Vygotsky já estudavam essa interação entre os sujeitos e o meio quando o conceito de interação, tal como o conhecemos, não era sequer imaginado, conforme perceberemos nos textos a seguir.

---

6   Conforme Brito e Purificação (2005), alguns estudantes utilizam a internet não para pesquisa, mas para pescar informações e simplesmente copiá-las, ou seja, fazem "pescópia".

7   Para saber mais sobre essa diferença, acesse: Unicamp – Universidade Estadual de Campinas. Laboratório Interdisciplinar de Tecnologias Educacionais. Interatividade. Disponível em: <http://www.lite.fae.unicamp.br/sapiens/interatividade.htm>. Acesso em: 3 set. 2014.

Jean Piaget, o biólogo que colocou a aprendizagem no microscópio

O cientista suíço revolucionou o modo de encarar a educação de crianças ao mostrar que elas não pensam como os adultos e constroem o próprio aprendizado.

Jean Piaget (1896-1980) foi o nome mais influente no campo da educação durante a segunda metade do século 20, a ponto de quase se tornar sinônimo de "pedagogia". Não existe, entretanto, um "método Piaget", como ele próprio gostava de frisar. Ele nunca atuou como pedagogo. Antes de mais nada, o estudioso suíço foi biólogo e dedicou a vida a submeter à observação científica rigorosa o processo de aquisição de conhecimento pelo ser humano, particularmente por parte da criança.

Do estudo das concepções infantis de tempo, espaço, causalidade física, movimento e velocidade, Piaget criou um campo de investigação que denominou **epistemologia genética** – isto é, uma teoria do conhecimento centrada no desenvolvimento natural da criança. Segundo ele, o pensamento infantil passa por quatro estágios, desde o nascimento até o início da adolescência, quando a capacidade plena de raciocínio é atingida.

Fonte: Adaptado de Ferrari, 2014a, grifo nosso.

Crédito: Marcelo Lopes

Lev Vygotsky, o teórico do ensino como processo social

A obra do psicólogo ressalta o papel da escola no desenvolvimento mental das crianças e é uma das mais estudadas pela pedagogia contemporânea.

O psicólogo bielorrusso Lev Vygotsky (1896-1934) morreu há mais de 70 anos, mas sua obra ainda está em pleno processo de descoberta e debate em vários pontos do mundo, incluindo o Brasil. "Ele foi um pensador complexo e tocou em muitos pontos nevrálgicos da pedagogia contemporânea", diz Teresa Rego, professora da Faculdade de Educação da Universidade de São Paulo. Ela ressalta, como exemplo, os pontos de contato entre os estudos de Vygotsky sobre a linguagem escrita e o trabalho da argentina Emilia Ferreiro, [...].

A parte mais conhecida da extensa obra produzida por Vygotsky em seu curto tempo de vida converge para o tema da criação da cultura. Aos educadores interessam em particular os estudos sobre desenvolvimento intelectual. Vygotsky atribuía um papel preponderante às relações sociais nesse processo, tanto que a corrente pedagógica que se originou de seu pensamento é chamada de **socioconstrutivismo** ou **sociointeracionismo**.

Crédito: Marcelo Lopes

Fonte: Ferrari, 2014b, grifo nosso.

Interagir como o meio e os semelhantes é uma de nossas características fundamentais. Piaget e Vygotsky, respeitadas as singularidades de cada autor, procuraram compreender como essa interação está relacionada com o desenvolvimento humano. Para Possari (2012, p. 96):

A interatividade pode ser entendida ainda como a capacidade de o sistema acolher a necessidade do usuário e satisfazê-lo. Essa condição a faz diferente dos processos comunicacionais audiovisuais tradicionais, pois o leitor, na interatividade, é o usuário operador que assume o papel de coautoria do texto. Se a interação tem como princípio o sociointeracionismo, a interatividade é construtivista.

Porém, precisamos passar a ser interativos. Ao voltarmos nossa atenção para os processos interativos na Educação a distância, é preciso reconhecer a necessidade de ampliar essas ações fundamentais para a eficácia do processo de ensino-aprendizagem. Apesar da multiplicidade de modelos, é possível afirmar que a interação apoiada por recursos tecnológicos é uma característica que não pode estar ausente. Quando se fala em *interatividade* nos tempos atuais, lembramo-nos quase que imediatamente das redes sociais. Elas são populares, divertidas e podem ser educativas, se utilizadas com responsabilidade.

No que diz respeito às redes sociais, atualmente as mais conhecidas são Facebook®, Twitter®, Linkedin®, Myspace®, Google+® e os *blogs*.

Abordaremos a seguir algumas das redes sociais que têm se destacado no campo educacional.

2.4.1 Facebook®

A rede social mais utilizada no momento disponibiliza o Facebook® para educadores, conforme a Figura 2.3. Abordaremos um pouco de seu funcionamento a seguir.

Figura 2.3 Facebook® para educadores

O Facebook® foi criado por Mark Zuckerberg e mais três amigos em 2004. Qualquer pessoa que tem *e-mail* pode criar uma conta e ficar conectada com 1 bilhão de usuários ativos, conforme reportagem da *Folha de S. Paulo* de 4 de outubro de 2012 (Folha de S. Paulo, 2012).

Em 2011, o próprio Facebook® criou o "Facebook for Educators"[8], que propõe a utilização dessa rede social como ferramenta de ensino e aprendizagem. Existem sete maneiras sugeridas pelo grupo que criou essa ferramenta para a utilização da rede social na educação:

1. Ajudar a desenvolver e seguir a política da escola sobre o Facebook®.
2. Incentivar os alunos a seguir as diretrizes do Facebook®.
3. Permanecer atualizado sobre as configurações de segurança e privacidade no Facebook®.
4. Promover a boa cidadania no mundo digital.
5. Usar as páginas e os recursos de grupos do Facebook® para se comunicar com alunos e pais.
6. Adotar os estilos de aprendizagem digital, social, móvel e "sempre ligado" dos alunos do século 21.
7. Usar o Facebook® como recurso de desenvolvimento profissional. (Phillips; Baird; Fogg, 2012, p. 2).

A principal tarefa é manter o foco e a disciplina, o que parece bastante difícil nessa rede, pois, como foi desenvolvida para proporcionar lazer, disponibiliza diversos atrativos que propiciam a dispersão pelo mundo digital.

De acordo com os criadores do projeto, Phillips, Baird e Fogg, precisamos criar diferentes possibilidades na educação, pois a nova geração e os novos alunos são

> criados no mundo "*sempre ligado*" da mídia interativa, da Internet e das tecnologias de mídia social, [...] têm expectativas e estilos de aprendizagem diferentes das gerações anteriores. O uso abrangente de tecnologias sociais e móveis fornece aos adolescentes uma oportunidade ímpar de usar ferramentas como o

---

[8] O material do "Facebook for Educators" pode ser baixado gratuitamente e em português no *link*: <http://educotraducoes.files.wordpress.com/2012/05/facebook-para-educadores.pdf>.

Facebook para criar comunidades de aprendizagem auto-organizadas ou redes de aprendizagem pessoal. (2012, p. 13, grifo do original)

Quando a grade curricular permite a aprendizagem *on-line* autodirecionada, os alunos podem aprender mais do que é ensinado em sala de aula porque podem criar um significado para eles mesmos que vai além da intenção do professor (Phillips; Baird; Fogg, 2012).

Ao fazer uso dessa rede, aconselha-se que sejam criados grupos de bate-papo (que podem usar o espaço dos grupos como fóruns), sendo possível usar o *chat* próprio do Facebook® ou, ainda, páginas que falem sobre determinado tema ou assunto. Já existem páginas exclusivas sobre EaD, vale a pena conferir.

Como diversos celulares já dispõem do aplicativo do Facebook®, é possível ampliar cada vez mais nosso campo de interação.

Reiteramos ainda que não adianta disponibilizar um leque imenso de informações ou aplicativos interessantes se não houver comprometimento entre as partes. Como lembra Mattar (2012b, p. 82), "se antes havia pouco conteúdo disponível e praticamente não era possível interagir a distância, hoje há um excesso de conteúdo disponível e é possível interagir intensamente". Então, aproveitemos essas formas de interação e interatividade adequadamente.

2.4.2 Twitter®

O Twitter® é uma rede social voltada para comentários curtos, de até 140 caracteres, geralmente usado na EaD para disponibilizar informação.

O professor pode postar *links* (existem encurtadores de *links* para que qualquer um caiba nos 140 caracteres), informações e avisos, além de usar o Twitter® como instrumento de debates e discussões.

Há um grupo no Twitter® que debate exclusivamente EaD. Basta que se procure pela *tag* #eadsunday! Vale a pena "twittar" e acompanhar os *twitts* dessa turma.

Twitter®

Figura 2.4

2.4.3 *Blogs*

Os *blogs* são páginas desenvolvidas por um autor ou por um grupo de autores. A vantagem em relação aos recursos anteriores é que, se o administrador permitir, qualquer pessoa pode comentar ou editar os textos.

A seguir vamos ler uma reflexão sobre o papel das redes sociais e dos *blogs* no processo de ensino e aprendizagem.

Blog ou comunidade em rede social? Quais as possibilidades de cada um?

Os professores, em sua maioria, não utilizam o *blog* como ferramenta de trabalho em sala de aula, como repositório de material para as aulas ou ainda veículo do material produzido nelas, simplesmente por desconhecimento de suas possibilidades pedagógicas ou por dificuldades de lidar com a tecnologia.

Em outros *blogs* já existentes e também nas redes sociais, quando se atiça a curiosidade dos professores, perguntando a eles sobre a utilização da ferramenta como estratégia pedagógica, as questões e problemas com que se defendem por sua inação e argumentam ainda são básicas, como que tipos de *blog* existem ou o que podem fazer com uma página em branco, que é um *blog* ainda não desenvolvido. Essas informações estão disponíveis, é claro, em outros *blogs* e sites na internet e vamos comentá-las a seguir. Primeiro, é claro que um *blog* vazio é como uma página em branco. Como podemos então preenchê-lo, dar vida a ele e fazê-lo produzir e aumentar as possibilidades pedagógicas?

Primeiro, conhecendo a ferramenta. O que é o *blog*?

Há vários tipos diferentes de *blog*, vamos conhecer alguns:

- *Blog* informação: com assuntos e temas já definidos que servem para orientar ou facilitar as pesquisas da turma. Podem ser postados textos, artigos e *links* para outros *sites*.
- *Blog* notícias: podem ser postados assuntos que estão na mídia escrita e televisiva para que se levantem debates e comentários pertinentes.
- *Blog* jornal virtual: elaboração de um jornal virtual, diário, semanal, mensal da escola, da sala de aula, das turmas etc.
- *Blog* poesia: um espaço para que os alunos postem suas próprias poesias ou de poetas preferidos etc.
- *Blog* aula: o professor poderá postar um resumo das aulas e também as tarefas. Poderá também provocar os alunos para que continuem discussões de temas polêmicos ou algum ponto interessante da aula do dia.
- *Blog* diário: o professor pode criar um diário, referente ao processo de aulas, projetos, atividades etc., motivando os alunos a terem os seus [...].

Ou mesmo usar o *blog* no seu sentido original – uma página pessoal, com os pensamentos do dia a dia do professor e dos alunos.

- *Blog* aluno escritor: colocar links com trabalhos escritos pelos alunos, contos, crônicas.
- *Fotolog/flogs*: estes tipos de *blogs* possibilitam a inserção de fotos antes de se postar o texto. (Maria Sandra; Valéria, 2005)

Ocorre que os professores acrescentam a suas dúvidas, por vezes, questões sobre se essas funções que descrevemos não poderiam ser exercidas também por comunidades em redes sociais como o Facebook ®, em que os conteúdos seriam postados. Obviamente, com a facilidade com que os conteúdos se partilham e são acessíveis nesses meios, podem-se abrir comunidades nas redes com o mesmo objetivo, sejam elas abertas, para visualização e leitura de todos, ou fechadas, apenas para comunicação entre os participantes, como uma extensão da sala de aula, com a vantagem de poder ser consultada também fora do horário de escola. Uma dessas comunidades pode servir para troca de informações, divulgação de notas, pedidos de trabalhos, tarefas, entrega de tarefas, divulgação de notícias, textos e comunicação direta entre os alunos, diário de classe, vídeos e áudios selecionados da sala.

Apenas que essa construção deve ser compartida com os alunos, tanto no que diz respeito à forma quanto ao conteúdo a ser divulgado. Todo o processo deve ser compartilhado, desde a escolha de cores e fundos até o nome e objetivo do *blog* ou comunidade, para não se configurar como uma imposição do professor em direção aos alunos e não se tornar obrigação, mas uma construção coletiva com objetivos de união dessa coletividade.

Dessa maneira é que o *blog* ou comunidade em rede social pode servir ao objetivo pedagógico, como ferramenta e local virtual de reunião entre os participantes, nunca como obrigação de visita ou postagens forçadas. Enquanto a ferramenta virtual for um espaço de exercício da liberdade de criação e manifestação individuais dentro das regras específicas daquele determinado grupo, suas possibilidades de uso pedagógico apenas crescem. Outro requisito importante é que o professor deve se apropriar ao máximo da linguagem do ambiente virtual, para não ser atropelado por ele e pelas necessidades sempre novas de seus alunos. Lembrar-se de que eles estão na geração que já nasceu virtual, enquanto nós professores temos de aprender a lidar com ela é sempre bom, pois a sensação de que já sabemos tudo pode nos levar a ser surpreendidos pela tsunami virtual de informação que desconhecemos. Os melhores *blogs* em projetos de ensino-aprendizagem não são os que divulgam mais conteúdo ou um conteúdo mais inovador ou profissional, porém aqueles que se tornam verdadeiros canais para interação entre as pessoas que, juntas, o constroem e questionam ideias, compartilham informações, mas principalmente que ultrapassam o ambiente escolar como meios de comunicação e partilha.

Dessa forma, os textos publicados em *blogs* geralmente despertam grande interatividade. Convém ainda lembrar que o *blog* também suporta *links* de vídeos, imagens e *gifs* animados, sendo bastante popular entre os jovens que gostam de transformá-lo em um diário personalizado.

Dentro do espaço acadêmico, podemos usar essa "mania" de diário para a produção de portfólios ou de textos coletivos.

Os *blogs* já foram tema de diversos trabalhos acadêmicos; por meio de uma pesquisa na rede, podemos encontrar *blogs* de qualidade e com temas diversos.

> Richardson (2006) defende que os *blogs* podem ser utilizados no lugar de LMSs por escolas, podem ser criados pelos alunos (que assim podem refletir sobre o desenvolvimento de seus estudos), funcionar como e-portfólios, espaço colaborativo, ferramenta de comunicação interna e mesmo como *site* da escola. Ele explora também a pedagogia dos *blogs*, ferramentas construtivistas por natureza, que expandem as paredes da sala de aula, arquivam o conhecimento, suportam diversos estilos de aprendizagem, podem ajudar no desenvolvimento de habilidades específicas e alfabetizam os alunos na linguagem da sociedade da informação. Os *blogs* teriam fundado um novo gênero de escrita, que o autor batiza de *connective writing* (escrita conectiva), que envolve ler, tomar decisões de edição, escrever e publicar. (Mattar, 2012b, p. 88)

Dentro desse leque de possibilidades, cabe ao professor definir as estratégias para usar as ferramentas do *blog*.

No entanto, precisamos destacar que os recursos tecnológicos, por mais avançados que sejam, não educam por si mesmos, e, por isso, não faz sentido considerá-los separadamente dos sujeitos que os utilizam.

Portanto, no tópico a seguir, abordaremos a autonomia e o comportamento ético dos sujeitos que fazem uso dessas tecnologias na concretização do processo de ensino e aprendizagem na EaD.

2.5 Autonomia e comportamento ético dos sujeitos da EaD

De que maneira o aluno de EaD consegue atingir seus objetivos e ter acesso a uma informação de qualidade, com um bom aproveitamento do investimento?

Autonomia e *EaD* são termos que têm uma relação essencial. Desse modo, torna-se de fundamental importância analisar a autonomia dos sujeitos em cursos de EaD com base no comportamento ético.

A autonomia na modalidade a distância é característica essencial para o bom desempenho do aluno e de todos que participam do processo de ensino e aprendizagem na EaD. Cada sujeito nele envolvido precisa apresentar uma acentuada capacidade para determinar os objetivos de suas ações.

Dessa forma, podemos afirmar que se, por um lado, a EaD exige mais autonomia, autogestão, autoestudo, auto-organização, autonomização e autoditatismo, por outro, ela também carrega o risco de não alcançar seus objetivos pela "falta" da presença física do professor, que dialoga, motiva, esclarece, emancipa e traça relações éticas e políticas. Com base nisso, podemos pensar nas seguintes perguntas:

Será possível ao ser humano chegar à autonomia sem a presença do outro? Tornar-se professor sem a presença física de professores? Será isso possível por meio da mediação de tecnologias? O que é, então, autonomia e como ela é compreendida na EaD?

Norteados por esses questionamentos, objetivamos apresentar algumas reflexões, buscando argumentar que a EaD envolve um processo educacional que precisa articular dois componentes essenciais, a autonomia e a ética, como características marcantes de todos os sujeitos da EaD e não apenas dos discentes.

2.5.1 Explorando conceitos de *autonomia*

Para melhor compreensão referente à autonomia, apresentamos aqui algumas notas que ajudarão a demonstrar a importância dessa capacidade para o processo educativo em cursos de EaD.

Antes, no entanto, precisamos esclarecer que autonomia vai muito além da "disciplina"; é um processo de construção do sujeito como pessoa autônoma e responsável.

Freire (1996, p. 94) mostra que ensinar exige uma série de predicativos: "A reflexão sobre esses predicativos, a partir do viés do discente, conduz à percepção de que essas exigências só poderão acontecer se no processo educativo estiver presente a ação autônoma do aluno".

Conceito de *autonomia*

Autonomia, termo de origem grega, designa a "capacidade de fazer as próprias escolhas, tomar as próprias decisões sem influências ou condicionamentos externos".

Para Immanuel Kant (1724-1804), que definiu sua época[9] como um tempo de esclarecimento, "a autonomia designa a independência da vontade em relação a qualquer desejo ou objeto de desejo e sua capacidade de determinar-se em conformidade com uma lei própria, que é a da razão" (Abbagnano, 2000, p. 97). Ele demonstra que a razão pura se manifesta em nós como prática pela autonomia no princípio da moralidade, pela qual determina a vontade ao ato (Kant, 2006). "A heteronomia é o seu contraposto na qual a vontade é determinada pelos objetos da faculdade de desejar" (Abbagnano, 2000, p. 97).

Essa oposição entre princípios heterônomos e autônomos persiste em toda a filosofia moral de Kant. Uma vontade autônoma concede a si a própria lei, ao passo que em uma vontade heterônoma a lei é dada pelo objeto por causa de sua relação com a vontade. "Isso significa que a vontade deve querer sua própria autonomia e que a sua liberdade reside em ser, portanto, uma lei para si mesma" (Caygill, 2000, p. 43).

Assim, Kant enuncia a lei fundamental da razão prática, que pode ser considerada o princípio da autonomia: "Age de tal modo que a máxima de tua vontade possa sempre valer ao mesmo tempo como princípio de uma legislação universal" (Kant, 2006, p. 47). Portanto, o princípio autônomo do imperativo categórico comanda sua própria autonomia (Caygill, 2000).

---

9   Kant, no seu texto *O que é Iluminismo*, faz uma síntese do seu otimismo iluminista no que diz respeito à possibilidade de o homem seguir por sua própria razão, sem ser enganado por crenças, tradições e opiniões dos outros. A isso ele considera um processo de ilustração. Essa mudança de atitude que operou uma valorização da razão e, por conseguinte, do ser humano como um todo, marcou a sua época.

Kant desejava libertar o ser humano de sua menoridade, de sua incapacidade pensar por si mesmo, um empreendimento que seria alcançado mediante o esclarecimento, o uso da razão. O próprio filósofo define sua época como de esclarecimento, entendido como "a saída do homem da menoridade pela qual é o próprio culpado". Menoridade é a "incapacidade de servir-se do próprio entendimento sem direção alheia" (Kant, 2009, p. 407). O autor propõe uma educação para autonomia que desenvolva as capacidades dos educandos a fim de que busquem atingir as metas por eles mesmos colocadas.

Vejamos o que nos explica Caygill sobre a questão da autonomia em Kant:

> Apesar de sistematicamente criticada desde Hegel e em particular por Nietzsche e Scheler como uma concepção vazia, formalista e irrelevante, a explicitação kantiana de autonomia foi recentemente reavaliada e defendida por O'Neill (1989), que afirma que tal teoria fornece uma adequada base metodológica para o raciocínio teórico e prático (Caygill, citado por Lopes; Pereira, 2011).

Portanto, considerando-se a explanação feita, podemos notar que a palavra *autonomia*, a partir de sua origem grega e no pensamento kantiano, significa

> autogoverno, governar-se a si próprio. [...] No âmbito da educação, o debate moderno em torno do tema remonta ao processo dialógico de ensinar contido na filosofia grega, que preconizava a capacidade do educando de buscar resposta às suas próprias perguntas, exercitando, portanto, sua formação autônoma. Ao longo dos séculos, a ideia de uma educação antiautoritária vai, gradativamente, construindo a noção de autonomia dos alunos e da escola, muitas vezes compreendida como autogoverno, autodeterminação, autoformação, autogestão [...]. (Gadotti, 1992, citado por Martins, 2002)

Contudo, para compreender o termo *autonomia* proposto neste tópico, faremos o caminho indicado por Araújo (1996, p. 104), com base nos estudos de Piaget sobre o juízo moral, que nos apresenta o seguinte itinerário: anomia, heteronomia em direção à autonomia, conforme nos mostra a Figura 2.4:

Figura 2.4 | Autonomia segundo Piaget

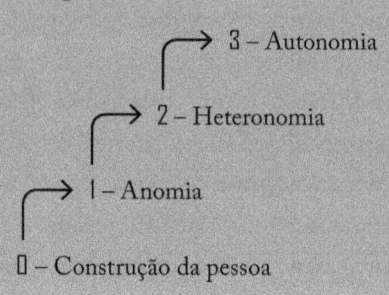

```
                    ┌→ 3 – Autonomia
               ┌→ 2 – Heteronomia
          ┌→ 1 – Anomia
     0 – Construção da pessoa
```

Nota-se que o sufixo grego *nomia* (=regra/lei) é comum aos três termos:

Anomia (*a+nomia*, prefixo "*a*" refere-se a negação) é um estado de ausência de regras, o sujeito age de acordo com o que considera certo pelos seus interesses pessoais. Heteronomia (*hetero=vários* + *nomia=regras*) é o perceber a existência de muitas regras que são impostas por outros que exercem autoridade. E nesse caminho apresenta a autonomia (auto+nomia) na qual a pessoa é capaz de discernir e fazer escolhas por si mesma, dar a si própria a sua lei. (Faria, 2009, p. 3)

A construção da autonomia do sujeito passa por etapas de desenvolvimento que podem ser observadas desde muito cedo. Ela continua a ser desenvolvida no transcorrer da existência humana nas diferentes decisões a serem tomadas, como um processo de evolução e tomada de consciência. O processo educativo tem um papel fundamental nessa construção da autonomia do aluno, conforme evidencia Delors (1998, p. 50): "A educação, permitindo o acesso de todos ao conhecimento, tem um papel bem concreto a desempenhar no cumprimento desta tarefa universal: ajudar a compreender o mundo e o outro, a fim de que cada um se compreenda melhor a si mesmo".

A autonomia se constrói aos poucos, limitada ao grupo de amigos e às pessoas mais próximas, até que mais tarde o indivíduo se percebe como membro de uma sociedade, o que inclui leis e instituições. Na instituição escolar não é diferente. As "autoridades" educacionais ditam as normas, o currículo e os valores sociais, muitas vezes sem discuti-los com os alunos.

A autonomia, portanto, pode ser compreendida como resultado do processo de socialização que leva o indivíduo a sair do seu egocentrismo, característico dos estados de heteronomia, para cooperar com os outros e submeter-se (ou não) conscientemente às regras sociais, e isso será possível a partir das relações estabelecidas pelo sujeito com os outros. (Araújo, 1996, p. 108)

Para Piaget, o desenvolvimento é um processo que diz respeito à totalidade das estruturas do conhecimento e da aprendizagem. Assim, podemos afirmar que alguém é autônomo quando manifesta um comportamento independente; é autônomo porque se tornou capaz de viver em função de princípios próprios.

Entretanto, quando falamos da autonomia na EaD, é necessário recordar que se trata de uma característica que precisa ser a marca do discente nessa modalidade de educação. Nesse caso, vemos que mesmo o aluno mais indisciplinado pode julgar ser autônomo e exigir que sua autonomia seja respeitada, ao mesmo tempo que um aluno disciplinado não se identifica como um estudante autônomo, o que leva a pensar que ser autônomo em EaD não significa necessariamente ser disciplinado e vice-versa.

Nesse sentido, destacamos a importância da autonomia na EaD, ou seja, ter capacidade de conduzir o próprio processo de ensino e aprendizagem. Contudo, é preciso cuidado para não confundir *aprendizado autônomo* com *aprendizado solitário*. Na EaD, o estudante não está sozinho, pois conta com toda uma estrutura preparada para atendê-lo em suas necessidades.

Petters (2001, p. 103) afirma que "o estudo autônomo desempenha papel importante na educação de adultos e nas educações complementares". Assim, podemos afirmar que o progresso desse aluno deve ser avaliado a partir de sua vivência e de sua realidade.

Freire (1996), em seu livro *Pedagogia da autonomia*, fala dessa característica como construção autêntica da pessoa:

> Me movo como educador, porque, primeiro, me movo como gente. Posso saber pedagogia, biologia como astronomia, posso cuidar da terra como posso navegar. Sou gente. Sei que ignoro e sei que sei. Por isso, tanto posso saber o que ainda não sei como posso saber melhor o que já sei. E saberei tão melhor e mais

autenticamente quanto mais eficazmente construa minha autonomia em respeito à dos outros. (Freire, 1996, p. 94)

Na EaD, o aluno constrói seus métodos de aprendizagem e assume maior responsabilidade sobre a construção do conhecimento que irá colaborar no seu desenvolvimento integral (Faria, 2009).

Freire (1996) expõe uma pedagogia da autonomia e enfatiza o respeito devido à autonomia do ser do educando. Tal respeito à autonomia e à dignidade de cada um "é um imperativo ético e não um favor que podemos ou não conceder uns aos outros" (Freire, 1996, p. 59). Autonomia é uma das categorias centrais na obra de Freire, principalmente no livro já citado (*Pedagogia da autonomia*), no qual escreve e reflete sobre esse conceito, explicitando-o como um princípio pedagógico.

Educação e autonomia

Pereira (2011, p. 14), ao dissertar sobre a noção de autonomia de Paulo Freire, explica:

> a educação que visa formar para autonomia é entendida como vocação para humanização, de modo que não é possível ser gente senão por meio de práticas educativas. A educação deve fomentar nos educandos a curiosidade, a criticidade e a conscientização que é um esforço de conhecimento crítico dos obstáculos, mas ninguém se conscientiza isoladamente.

Freire propõe uma discussão sobre autonomia a partir do paradoxo da autonomia/dependência (Machado, 2008). Promover a autonomia significa, então, libertar o ser humano de tudo que o oprime, que o impede de realizar sua vocação para ser mais, reconhecendo que a história é um tempo de possibilidades.

Ainda de acordo com Freire (1996, p. 107), a autonomia é um vir a ser, um processo de amadurecimento do ser para si: "Ninguém é autônomo primeiro para depois decidir. A autonomia vai se construindo na experiência de várias e inúmeras decisões que vão sendo tomadas". Trata-se de um trabalho de construção da autonomia, que, na seara educacional, é do professor e do aluno, e não uma tarefa somente do professor ou do aluno consigo mesmo.

Na obra de Freire, a autonomia ganha um sentido sociopolítico-pedagógico; ela é condição de um povo ou pessoa que tenha se libertado, emancipando-se das opressões (heteronomias) que restrigem ou anulam sua liberdade de determinação. Para conquistar a autonomia, é preciso se libertar das estruturas opressoras (Zatti, 2007). Portanto, há uma relação entre autonomia e libertação na medida em que, quanto menores são as condições de opressão, maiores as possibilidades de "ser para si", de ser autônomo.

A proposta de Freire é de uma educação para a transformação, contraposta à educação bancária[10], que considera os alunos como receptáculos de conteúdos. Para que ela promova autonomia, é essencial que seja dialógica, entendendo diálogo como o encontro de homens para que se tornem seres humanos melhores. "No fundo, o essencial nas relações entre educador e educando, entre autoridade e liberdade, entre pais, mães, filhos e filhas é a reinvenção do ser humano no aprendizado de sua autonomia" (Freire, 1996, p. 94).

Na educação a distância, a autonomia do aluno remete à liberdade e independência na forma de aprendizagem. Dessa maneira, o educando precisa definir quando dedicará maior tempo ao estudo, onde o fará, qual ritmo seguirá e quanto tempo será destinado a essa prática. Os meios oferecidos o apoiarão nessa tarefa, mas ela não acontecerá sem a sua participação ativa. (Luzia et al., 2013)

A flexibilização do tempo e do espaço é uma das características mais marcantes da Educação a Distância. Essa flexibilização possibilita aos alunos condições para realizar seus estudos conciliando-os com as demais tarefas do dia a dia. Cada estudante, de acordo com seu estilo e ritmo próprio de aprendizagem, pode organizar-se para alcançar o melhor desempenho possível. Assim, é importante notar que, se por um lado temos a possibilidade de maior autonomia, por outro fica muito nítida a necessidade de planejamento, organização e disciplina para um bom desempenho nos estudos. Tais exigências, no entanto, não são características exclusivas da EaD, porém é nessa modalidade que elas se revestem de grande singularidade.

---

10   Educação bancária, no sentido expresso e criticado por Paulo Freire, designa um tipo de prática pedagógica que visa apenas preencher a memória dos estudantes com informações. Ou seja, o professor é o detentor e transmissor do conhecimento, e o aluno, um simples receptor passivo.

Esse tempo e essa flexibilidade colaboram para realização das tarefas de estudo, sendo revertidos em atividade produtiva para a aprendizagem do aluno, capaz de desenvolver sua autonomia.

2.6 Articulação entre ética e educação

Analisando a educação sob o prisma filosófico, Thums (2003) utiliza quatro elementos principais: a reflexão, a ação, o discurso e as consequências. Compreender a educação como ação humana a afasta da conotação de um elemento irreal do comportamento humano exposto à sorte e ao acaso, mas a coloca como resultado de um jogo de ideias e de práticas criadas em determinada época de acordo com as ideologias e filosofias de então.

> A educação, nessa perspectiva, se diferencia de ensino, pelo fato de que a primeira pressupõe alguma mudança e alguma alteração nas formas de ser e de pensar referente a alguma situação objetiva ou subjetiva que se apresente como foco de atuação numa perspectiva da filosofia e da ontologia. Nessa diferenciação, o ensino se caracteriza como a dinâmica educativa comprometida com as informações e os conteúdos numa perspectiva da epistemologia. (Alcântara, 2008, p. 3393)

E, se estão juntas a ética e a educação, como não pensar em desvendar os princípios que se ligam com o bem-estar e a felicidade plural? Reside nisso a ambiguidade educacional no campo da ética, pois, se ela vem de *ethos*, que são os costumes e formas de comportamento viabilizadoras da vida pacífica e comum das pessoas na comunidade, a difusão de valores que passam além desse princípio fundamental da justiça social se constitui em ação antiética (Goergen, 2005).

Pelo fato de que a eficiência está separada da equidade, com seu norte no interesse particular de indivíduos ou grupos, a ação eficiente assume características de bem, ignorando os seus efeitos. Instala-se, portanto, uma realidade que expõe um dilema na educação, com ênfase na educação ética: considerando que cabe à educação preparar as pessoas para a vida em sociedade, com o desenvolvimento de competências exigidas pelo sistema, é dever dela formar cidadãos que convivam em sociedade com respeito e solidariedade (Goergen, 2005).

Nesse sentido, o processo educativo precisa formar não apenas para o sucesso no mundo do trabalho, para o exercício competente de uma profissão, mas também para o respeito e a solidariedade. Novamente, é necessário ressaltar o caráter social da educação. Não se trata de preparar apenas tecnicamente para exercer uma função, mas de oferecer uma formação integral para a vida em uma sociedade onde o trabalho é um elemento fundamental, mas não único.

2.6.1 Autonomia ética e EaD[11]

De acordo com Guarezi e Matos (2009), os conceitos de EaD mantêm em comum a separação física entre o professor e o aluno e a existência de tecnologias para mediatizar a comunicação e o processo de ensino e aprendizagem. A evolução do conceito ocorre no que se refere aos processos de comunicação, pois a EaD cada vez mais passa a apresentar maiores possibilidades tecnológicas para efetivar a interação entre os pares para aprendizagem. Portanto, a evolução da EaD acompanhou a das tecnologias de comunicação que lhe dão suporte, o que não significa necessariamente evolução pedagógica.

Guarezi e Matos (2009) salientam ainda que as principais características da EaD podem ser organizadas sob o aspecto da autonomia, da comunicação ou do processo tecnológico.

Quando falamos em *aprendizagem em EaD*, devemos entendê-la como um processo de construção particular do aluno, como algo dinâmico e flexível, com base na própria vivência e experiência do educando. Dessa forma, a autonomia apresenta-se como condição *sine qua non* para o discente na EaD no processo de construção do conhecimento. Pois, se, por um lado, ensinar é criar a possibilidade para construção do conhecimento, por outro, aprender é tornar essa possibilidade um fato. Nesse sentido, o discente deve aprender a organizar seu tempo e seus estudos à medida que ele, ao iniciar os estudos na EaD, tome consciência da

---

[11] Esta seção foi elaborada com base em Faria (2009).

importância de fazer um planejamento, organizar sua própria rotina, seus horários, ser determinado, explorar as ferramentas e as orientações dos professores e tutores. Somente assim conseguirá ser um aluno autônomo, capaz de gerar dentro de si o processo de construção do conhecimento.

A necessidade de interação entre professor e aluno na EaD é bem complexa e vai além de uma simples comunicação sobre o conteúdo, pois precisa estar aliada à efetividade e à motivação para autonomia.

As aulas dos cursos de graduação de EaD são transmitidas via satélite, os conteúdos e material de apoio são disponibilizados via internet e o aluno recebe todo suporte pedagógico e tecnológico por meio de diversos recursos tecnológicos e educacionais. Contudo, por melhor que seja a preparação e o currículo do curso, ou a formação e a competência dos professores, ou mesmo que a instituição de Ensino Superior (IES) ofereça os mais avançados recursos tecnológicos, podemos afirmar que o sucesso que se espera na EaD é o aprender a aprender do próprio aluno, ou seja, ele aprender a construir o conhecimento. Para tal, é necessário mais que disciplina: é necessária uma atitude autônoma diante da construção do conhecimento.

Na EaD, disciplina e autonomia são fundamentais, posto que o aluno não pode se limitar apenas a receber os conteúdos propostos pelos professores. Aliás, se dessa forma acontecesse, não poderíamos considerar o sistema como de EaD, porque não aconteceria ensino nem aprendizado do modo como estamos apresentando. É preciso ir além, buscando esse conhecimento com determinação, esforço e pesquisa. Em outras palavras, é necessário produzir ou construir esse conhecimento. "Decisivo não é "fazer", mas saber fazer, já que é mister sempre "refazer". (Demo, 2007, p. 83).

Nesse processo, o comprometimento e o desejo de conhecimento farão com que o estudante mostre para si mesmo que é possível aprender sem depender da figura real (presencial) do professor. Assim, a educação não presencial é uma possibilidade da educação acontecer na sua mais genuína essência.

Portanto, o aluno de EaD deve procurar a autonomia no que se refere às suas características pessoais, principalmente quanto a organizar seu tempo disponível para o estudo e para a gerência de sua vida profissional e pessoal.

Podemos, portanto, relacionar alguns itens que colaboram com o processo de disciplina e autonomia do estudante na EaD:

- Preservar a autonomia e a disciplina.
- Cultivar o pensamento crítico e aberto.
- Organizar o tempo.
- Estar pronto e disponível para o novo.
- Ser empreendedor[12].
- Constituir metas, prazos e estratégias.
- Dar prioridade às tarefas que exigem mais de si.
- Buscar resposta para as dúvidas.
- Ter domínio dos meios de informação e comunicação disponíveis.
- Entrar diariamente no AVA.
- Ser ativo e colaborativo no processo de interação (*chat*, fórum, 0800).
- Preparar-se com antecedência para as aulas, imprimindo os textos ou organizando uma pasta de arquivos para *download*.
- Dedicar-se à leitura de textos indicados.
- Expandir sua rede de contatos, aproveitando as diversidades culturais que a modalidade EaD oferece.
- Organizar seu tempo para a vida pessoal (folga dos estudos).
- Organizar fichas, esquemas, anotações e revisões dos conteúdos.
- Organizar seu material de estudo.
- Cumprir datas e prazos.

A EaD exige que o aluno tenha uma postura autônoma. Entretanto, ele não está só, pois conta com uma grande estrutura pedagógica e tecnológica que favorece a EaD de forma interativa. Cabe ao aluno ter disciplina e saber usar as ferramentas que são disponibilizadas para a construção de seu conhecimento, pois todo o projeto pedagógico prima por um aprendizado constante e real, mesmo o discente estando distante.

---

12   Para saber mais sobre empreendedorismo no campo educacional, recomendamos a leitura da obra *Pedagogia empreendedora*, de Fernando Dolabela. Consulte também o *site*: <http://fernandodolabela.wordpress.com/artigos-e-publicacoes>.

Além disso, ele deve pensar em ser empreendedor no sentido de construir possibilidades novas, de saber administrar seu tempo, de criar possibilidades de crescimento, de investir em si próprio e de observar o desenvolvimento do ser humano e do meio em que vivemos.

A EaD utiliza canais de comunicação que não só possibilitam ao aluno estar mais próximo do professor, mesmo com a distância geográfica, mas também promovem a interação com os colegas de curso, que é indispensável na EaD. A flexibilidade do espaço e do tempo, elemento próprio da EaD, confere ao aluno condições para imprimir o seu ritmo de estudo, produzindo e construindo conhecimento, de acordo com as suas necessidades e características pessoais, no local e no tempo que julgar mais adequados.

Síntese

Vimos neste capítulo que, com o avanço das tecnologias de informação e comunicação e a necessidade de diminuir a distância e o tempo, a EaD adota diversas tecnologias para tornar o ensino mais eficaz, mais dinâmico e mais produtivo. Entre elas, destacamos os AVA, que disponibilizam diversas ferramentas, como fóruns, *chats* e rotas ou trilhas de aprendizagem. As redes sociais também estão sendo cada vez mais usadas como ferramenta no processo de ensino e aprendizado. As mais utilizadas são o Facebook®, o Twitter® e os *blogs*, mas há outras a que também se pode recorrer, bastando para isso que se tenha domínio das redes e didática para trabalhar de forma eficiente nelas. Outro tema fundamental tratado neste capítulo, e muito relacionado ao destacado anteriormente, refere-se à autonomia e ao comportamento ético dos sujeitos da EaD. O aluno da modalidade a distância precisa buscar a autonomia, principalmente na organização do tempo disponível para o estudo e para a gerência de sua vida profissional e pessoal.

Vídeos

CÉSAR, M. Aprender a aprender. Disponível em: <http://www.youtube.com/watch?v=Pz4vQM_EmzI&feature=related>. Acesso em: 15 abr. 2014.

No vídeo, percebemos a importância da persistência necessária a todos os sujeitos no processo de ensinar e aprender. É uma excelente indicação para propor reflexões sobre a autonomia do estudante e o trabalho do professor no processo de ensino e aprendizagem.

SEMINÁRIO NACIONAL DE EDUCAÇÃO A DISTÂNCIA. O sentido de aprender e o sucesso na EaD. Disponível em: <http://www.youtube.com/watch?feature=endscreen&v=Zn4mhAulPzo&NR=1>. Acesso em: 15 abr. 2014.

No vídeo, a professora Joelma de Riz faz reflexões sobre o perfil dos estudantes na EaD, enfatizando que ele vai mudar com o tempo. Apesar dos avanços alcançados e dos preconceitos superados no que diz respeito à EaD, uma questão recorrente apresenta-se como fundamental nesse contexto: qual é o sentido da educação e da aprendizagem?

Blogs

Agora que já conhecemos o trabalho docente, o aluno da educação a distância (EaD) e as ferramentas dessa modalidade de ensino, vamos conversar sobre a estrutura dos cursos. Neste capítulo, falaremos de planejamento. Qual é a importância dele? Para que serve? Quais são suas principais características? Vamos refletir sobre essas questões focalizando o contexto da EaD.

3.1 A importância do planejamento

Somos educados desde pequenos a viver planejando. Quem nunca ouviu a frase: "O que você vai ser quando crescer?".

A partir daí, começam os planos, o estabelecimento de objetivos e a verificação de possibilidades.

Conforme vamos crescendo, iniciam-se as responsabilidades maiores e as preocupações: trabalhamos, acumulamos dinheiro para concretizar sonhos: a compra de um carro novo, uma reforma na casa, aquelas férias numa praia paradisíaca no Nordeste, uma grande festa de formatura. Sonhos que não acabam mais.

E então aprendemos que a forma mais fácil de realizar um sonho é planejando, traçando um caminho bem claro e definindo quais serão as estratégias. Isso serve para planos que traçamos em nossa vida e, claro, para os planos de uma boa aula ou mesmo de curso.

Vamos pensar de forma mais concreta. Vamos imaginar que queremos muito algo – um carro novo, uma viagem, ingressar em uma faculdade –, e essa vai ser nossa meta.

Para alcançá-la, precisamos traçar objetivos, por exemplo, poupar certa quantia de dinheiro por mês, verificar planos de financiamento, estudar para o vestibular, ou seja, precisamos traçar um caminho para chegar ao objetivo final.

Todo projeto precisa ter uma motivação, uma justificativa, um porquê. Por isso, é muito importante que você desenvolva uma justificativa que funcione como um norte e não desanimar diante dos desafios que possam surgir.

Por fim, o elemento que deve ser pensado se refere à forma como tudo vai "sair do papel" e virar ação. Podemos chamar essa parte do planejamento de *metodologia*, ou seja, como o percurso para o objetivo será feito.

No campo da educação, é fundamental que ajamos do mesmo modo: precisamos traçar uma meta, incluindo objetivos, justificativa e metodologia. Na tentativa de melhorar a qualidade do plano, podemos apresentar um pouco da nossa realidade, os recursos de que vamos precisar, a faixa etária a quem se destina nosso plano, entre outros critérios.

Segundo Cervi (2008, p. 54), "planejar na escola implica, principalmente, criar soluções, tomar decisões, determinar a saída de impasses e, sobretudo, projetar a evolução de propósitos".

Nos cursos a distância, seguimos a mesma lógica e, portanto, temos de pensar nos caminhos que desejamos percorrer.

Mas existe um modelo para um planejamento perfeito?

Podemos até criar modelos para o planejamento, mas, como lembra Cervi, há prós e contras:

> O planejamento pode ser formal (normatizado) ou informal (genérico, sem compartilhamento e sem garantia de continuidade). A normatização superior, por um lado, reduz a informalidade no planejamento, mas pode, também, propiciar inércia no cotidiano da escolar. Por outro, a margem de autonomia mal exercitada pode redundar em espontaneísmo e improvisação da gestão escolar. (Cervi, 2008, p. 60)

O mais importante é que o planejamento seja elaborado com foco no público-alvo, na sua realidade metodológica, com o objetivo de estimular a aprendizagem e de contemplar todas as exigências que as instituições de ensino estipulam para o curso. Podemos ter como base os exemplos do cotidiano que apresentamos anteriormente, mas, como em cada caso há necessidades distintas, sempre se deve analisar cada caso de modo específico.

Considerando os objetivos desta obra e a grande expansão da EaD no ensino superior, vamos abordar no tópico seguinte o plano de desenvolvimento institucional (PDI), uma vez que o planejamento dirigido à oferta de cursos superiores nessa modalidade de ensino precisa necessariamente contemplar e considerar esse documento.

3.2 Plano de desenvolvimento institucional

De acordo com o Ministério da Educação (MEC), o PDI, elaborado para um período de cinco anos, é o documento que identifica a instituição de ensino superior (IES) quanto à sua filosofia de trabalho, à missão, às diretrizes pedagógicas que orientam suas ações, à estrutura organizacional e às atividades acadêmicas que ela desenvolve ou almeja desenvolver. No art. 16 do Decreto n. 5.773, de 9 de maio de 2006, encontramos algumas indicações sobre os elementos que precisam fazer parte do PDI (Brasil, 2006).

Alguns itens são imprescindíveis em um PDI, como os projetos dos cursos que a instituição pretende abrir, seu projeto político-pedagógico, o cronograma de implantação dos cursos, o perfil dos corpos docente e discente, a organização administrativa, as políticas de atendimento aos alunos, a avaliação institucional e as formas de avaliação, infraestrutura e aspectos financeiros. Todos esses aspectos devem constar no PDI para que uma instituição de ensino possa começar a funcionar.

Para que entendamos melhor, vamos explicar brevemente cada um dos aspectos do PDI e a importância desse documento para um melhor funcionamento da instituição de ensino.

O primeiro item que deve ser contemplado no PDI é o histórico da instituição, como o próprio nome já diz. Assim, é obrigatório constar como ela surgiu, quem foram seus idealizadores e por que resolveram criá-la. Junto com o histórico, devem estar presentes as metas e os objetivos.

O segundo item é o projeto pedagógico institucional (PPI). Conforme as orientações do MEC (Brasil, 2007a), o PPI precisa conter as informações a seguir pontuadas:
- Inserção regional.
- Princípios filosóficos e técnico-metodológicos gerais que norteiam as práticas acadêmicas da instituição.
- Organização didático-pedagógica da instituição.
- Plano para atendimento às diretrizes pedagógicas, estabelecendo os critérios gerais para definição de:
  - inovações consideradas significativas, especialmente quanto à flexibilidade dos componentes curriculares;
  - oportunidades diferenciadas de integralização curricular;
  - atividades práticas e estágio;
  - desenvolvimento de materiais pedagógicos;
  - incorporação de avanços tecnológicos.
- Políticas de ensino.
- Políticas de extensão.
- Políticas de pesquisa (para as IESs que propõem desenvolver essas atividades acadêmicas).
- Políticas de gestão.
- Responsabilidade social da IES (enfatizar a contribuição à inclusão social e aos desenvolvimentos econômico e social da região).

Ao construirmos os projetos de nossas escolas, planejamos o que temos intenção de fazer, de realizar. Lançamos para diante, com base no que temos, buscamos o possível. Nessa perspectiva, o projeto político-pedagógico vai além de um simples argumento de planos de ensino e de atividades diversas. (Veiga, 2004, p. 12)

No PDI também devem constar os cronogramas dos cursos, informando quantas turmas e vagas serão ofertadas, o número de alunos por turma, a disponibilidade do curso (se está funcionando ou não), se tem autorização do MEC para funcionamento e se é reconhecido pelo referido avaliador.

Quando a modalidade de ensino é a EaD, devem-se seguir algumas exigências da Portaria Normativa n. 2, de 10 de janeiro de 2007 para o credenciamento da instituição (Brasil, 2007b). Um exemplo é a comprovação da existência de estrutura física e tecnológica e de recursos humanos adequados e suficientes.

Essa portaria determina que o credenciamento de instituições para oferta de educação na modalidade a distância deverá ser requerido por instituições de educação superior já credenciadas no sistema federal ou nos sistemas estaduais e do Distrito Federal, conforme art. 80 da Lei n. 9.394, de 20 de dezembro de 1996 (Brasil, 1996), e art. 9 do Decreto n. 5.622, de 19 de dezembro de 2005 (Brasil, 2005).

O perfil do corpo docente é também um dos itens do PDI: a quantidade de professores requerida pela instituição para a realização dos cursos, o perfil dos docentes, a formação mínima exigida para lecionar, o funcionamento do plano de carreiras, a contratação e a substituição de professores, caso necessário.

O quinto item exigido no PDI diz respeito à organização administrativa da instituição. Esse documento precisa apresentar a parte administrativa – a direção, a secretaria e outros setores, incluindo a hierarquia da instituição. Também deve contemplar o atendimento aos alunos, bem como política de concessão de bolsas de estudo e formas de incentivo à permanência do aluno na IES, critério privilegiado no sexto item do PDI. O sétimo, por sua vez, deve abordar a questão da infraestrutura e dos recursos, enquanto o oitavo diz respeito às questões da avaliação (abordaremos o assunto no próximo capítulo) e, por fim, cabe ao último tópico a apresentação dos aspectos financeiros e orçamentários.

Como já vimos, o PDI é um documento que deve atender a uma série de questões referentes às instituições de ensino. Mas será que existe algum motivo para tal, além da burocracia e do controle? Sim, pois tais informações permitirão à instituição organizar seu plano de ensino e até seu plano de venda dos cursos. É a partir desse esquema que se estrutura um ensino de qualidade, assunto que abordaremos no tópico a seguir.

3.3 Educação de qualidade

O tempo todo se fala de uma educação de qualidade, mas como chegar a uma educação que contemple todos os critérios que lhe confiram a qualidade almejada?

O governo federal, por meio do Instituto Nacional de Estudos e Pesquisas Educacionais Anísio Teixeira (Inep), utiliza alguns instrumentos de avaliação da educação, como a Provinha Brasil, o Exame Nacional do Ensino Médio (Enem) e o Exame Nacional do Desempenho do Estudante (Enade).

O MEC desenvolve diversas ferramentas para que se atinja uma educação de qualidade. Como exemplo, citamos o Manual de Indicadores da Qualidade na Educação, que orienta como fazer uma avaliação institucional e como pensar coletivamente para melhorar a educação ao nosso redor. Esse documento pode ser obtido no seguinte *link*: <http://portal.mec.gov.br/seb/arquivos/pdf/Consescol/ce_indqua.pdf>.

É claro que, para uma educação de qualidade, dependemos de professores bem preparados, que busquem formação continuada e atualização constante, além de espaços adequados, material didático atualizado, entre outros elementos. É uma lista grande, para a qual não existe fórmula mágica, pois estamos trabalhando com um fator muito instável: o ser humano.

Por isso, é necessário atenção a quatro elementos que podem ajudar na construção de uma educação de qualidade: a comunicação, a colaboração, a igualdade e a acessibilidade, ilustrados na Figura 3.1 a seguir.

Figura 3.1 Elementos para uma educação de qualidade

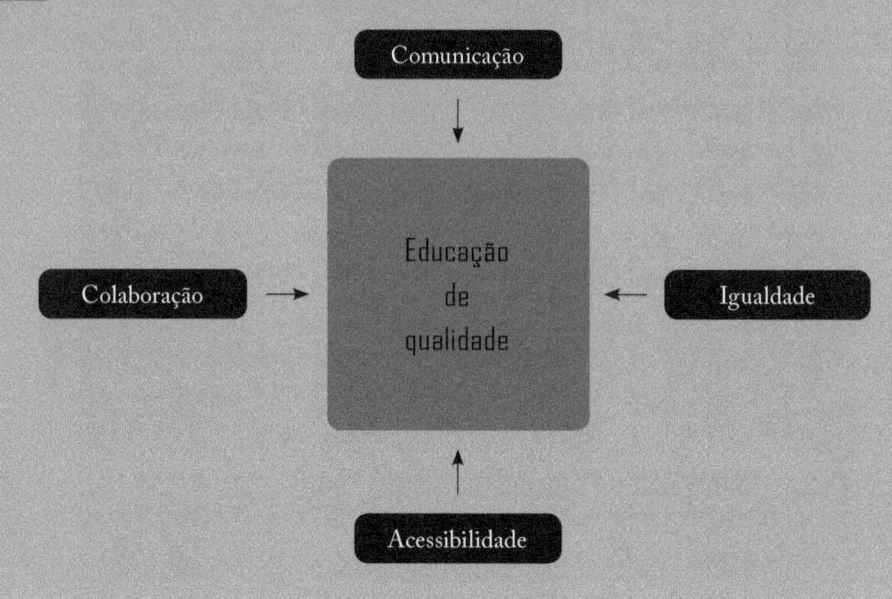

```
                    ┌──────────────┐
                    │ Comunicação  │
                    └──────┬───────┘
                           ↓
┌─────────────┐     ┌─────────────┐     ┌───────────┐
│ Colaboração │ →   │  Educação   │  ←  │ Igualdade │
└─────────────┘     │     de      │     └───────────┘
                    │  qualidade  │
                    └──────┬──────┘
                           ↑
                    ┌──────────────┐
                    │Acessibilidade│
                    └──────────────┘
```

A comunicação deve se fazer ativa entre os sujeitos. Desde que nascemos, aprendemos a nos comunicar com linguagem verbal e não verbal. Na educação, o exercício da comunicação é essencial, pois a partir dela podemos avaliar as necessidades do próximo e também expressar as nossas.

Quando pensamos na educação presencial, em que o professor tem um contato direto com os alunos, é mais fácil perceber a necessidade de trabalhar com outras estratégias, objetivando tornar a aula bastante proveitosa.

Na EaD é diferente, pois o professor pode estar em um estúdio ou, ainda, ter produzido as aulas de outras tantas maneiras possíveis. Nesse caso, o aluno é acompanhado pelo ambiente virtual de aprendizagem (AVA). Então, se o discente não se comunica por meio dos recursos disponíveis, torna-se impossível conhecer suas necessidades. Para estimular a comunicação, é interessante a criação de fóruns ou a solicitação de *feedbacks*, entre outras atividades.

Notamos, portanto, que a primeira chave para abrir a porta do sucesso no processo educativo é a comunicação.

A segunda chave é a colaboração. Quem nunca ouviu a história do beija-flor que tentou apagar o incêndio sozinho, levando água no bico, e só conseguiu esse feito depois que os outros animais o ajudaram?

Todos nós passamos por momentos em que sozinhos não conseguimos evoluir, por mais autônomos que sejamos. Precisamos, às vezes, de uma ajuda, de uma motivação, ou, em alguns casos, até mesmo de um empurrão. E não é porque estamos distantes geograficamente que não podemos trabalhar com mais pessoas. Por esse motivo, na EaD se torna essencial estimular trabalhos em grupo e debates.

A igualdade é a terceira chave. Poderíamos substituir o termo *igualdade* por *democracia*, pois queremos dar a ele a ideia de que todos podem e devem participar, afinal, todos têm poder. Além disso, é preciso uma preocupação especial com o público-alvo, que deve ser respeitado.

Por fim, a chave mestra da EaD é a acessibilidade. Com essa modalidade de educação, podemos chegar a locais inimagináveis, em salas de aulas pequenas ou auditórios lotados, dando a todos a mesma possibilidade de acesso. *Acessibilidade* aqui também diz respeito a uma preparação apropriada para atender alunos com necessidades educacionais especiais.

Por isso, os polos precisam dispor de estrutura física apropriada e o curso deve incorporar linguagem e adequação que permitam acesso a todos e sua permanência.

As plataformas de ensino devem estar disponíveis na rede para acesso de qualquer computador. Devem também ser preferencialmente "leves", a fim de viabilizar o acesso em locais com conexão de internet lenta, além de intuitivas, ou seja, de acesso e utilização simples de todos os recursos.

Outro fator importante a ser enfocado é o currículo, que necessita ser bem elaborado e de qualidade, com conteúdo adequado, moderno e atualizado. O corpo docente precisa estar preparado para trabalhar com esse currículo, preferencialmente sempre fazendo cursos de aperfeiçoamento.

Também o material didático deve ser bem elaborado, pensado exclusivamente para cada disciplina. Nesse sentido, o ideal é que o professor, para ampliar a visão dos alunos, indique outras obras que estejam à disposição dos discentes nas bibliotecas do polo ou em *links* abertos na internet. Vale também lembrarmos ainda do Domínio Público, um *site* que disponibiliza um conjunto de obras culturais, de tecnologia e de informação para *download* gratuito.

A equipe pedagógica (coordenador do curso, professor, tutor, equipe de secretaria, equipe de TI, pessoal de apoio) precisa ser bem preparada e treinada para tratar o aluno com simpatia, respondendo com assertividade e rapidez às suas questões. Além disso, cabe a esse grupo o comprometimento com a educação e com o crescimento do aluno, sempre estimulando a continuidade dos estudos.

Nesse aspecto, é importante que a instituição de ensino prepare bem os professores e tutores, pois são eles que garantem a continuidade dos alunos no curso, além de motivá-los, orientá-los e estimular sua participação. Somado a isso, a equipe deve estar motivada com boas condições, em um local adequado para o trabalho, onde haja equipamentos modernos, que estejam funcionando, e uma remuneração justa e estimulante.

Mattar (2012b, p. 26) cita o elemento fundamental de todo o processo: "Não interessa a simples interação com a máquina, mas a interação entre seres humanos, que pode ser mediada por computadores".

Lembramos novamente que o fator humano é indispensável dentro do contexto da EaD, como afirmam Sarmet e Abrahão (2007):

> A educação é a base da construção da cidadania e da inclusão social. Elaborar sistemas de ensino que ampliem o espectro de informações transmitidas à população, bem como aumentar o contingente de pessoas que possam usufruí-lo são, sem dúvida, ações relevantes. As inovações tecnológicas podem contribuir, e o fazem, para democratizar o acesso à informação. É relevante destacar, contudo, que a informática não só flexibiliza e intensifica o contato do aluno com o conhecimento, mas também traz consigo a necessidade de repensar o papel dos diferentes atores: aluno, professor, tutor e escola. Estudar essa dinâmica é tarefa de várias áreas do conhecimento, e seu aprimoramento possibilita cada vez mais a oferta de uma educação de qualidade para a sociedade.

Portanto, reiteramos que, para uma educação de qualidade, precisamos levar em consideração muitos fatores, como: boa comunicação e colaboração entre os sujeitos envolvidos, ações públicas de incentivo à educação promovidas pelo governo, igualdade e acessibilidade para qualquer pessoa. O texto a seguir permite uma reflexão nesse sentido.

Planejamento é fundamental para processo de aprendizagem

Encontros presenciais são importantes nas aulas de educação a distância.

Toda aula necessita de um planejamento prévio, mas na modalidade a distância a organização é fundamental. A opinião é da professora Rosilâna Aparecida Dias, da Universidade Federal de Juiz de Fora (UFJF), em Minas Gerais. "Um curso a distância precisa ser meticulosamente planejado. É preciso estabelecer cronograma, escolha e preparação do material didático, selecionar as mídias que serão utilizadas, as estratégias didáticas que melhor atenderão os objetivos", ressalta.

[...]

Segundo Rosilâna, é importante que o professor que leciona em cursos a distância tenha familiaridade com o uso da tecnologia. "Embora a tecnologia não deva ser o centro do processo, é importante ressaltar que as relações na EaD são mediadas por alguma tecnologia – que vai do material impresso aos mais sofisticados aparatos tecnológicos", salienta.

Quanto à formação necessária ao professor que atua na EaD, Rosilâna acredita que nada é o bastante, nos dias de hoje. Para ela, o momento atual requer formação continuada: "sempre temos algo a aprender para darmos conta de todos os avanços nas mais diversas áreas". Ela explica que as instituições de ensino, públicas ou privadas, têm oferecido capacitação para o corpo docente e enfatiza a necessidade de o professor ser licenciado, quer atue de forma presencial ou a distância.

Com relação à interação professor-aluno nas aulas a distância, Rosilâna diz que ela é mediada pela tecnologia. "Pode-se contar com todo o aparato tecnológico do tempo presente: os ambientes virtuais de aprendizagem e todas as ferramentas de comunicação viabilizadas pela interface *web*". Ela enfatiza que o conceito de presença mudou e é possível conversar com o aluno que se encontra a quilômetros de distância, por meio de conferência *web*, por exemplo, mas destaca a importância dos encontros presenciais, obrigatórios pela legislação. "Nada impede que um curso a distância promova encontros presenciais para seminários, defesa de trabalhos, apresentações culturais, além das avaliações", defende. "Eles podem e devem fazer parte do planejamento", acredita a professora, que lançou o livro *Educação a distância: da Legislação ao Pedagógico*, em coautoria com a professora Lígia Silva Leite, orientadora de sua dissertação de mestrado.

Fonte: Schenini, 2010.

3.4 Tutoria em EaD: discursos e práticas

Vimos que no processo de educação a distância o sistema tecnológico é peça fundamental para a aprendizagem, mas que sem o elemento humano ele não tem nenhum sentido e utilidade.

Relembrando Mattar (2012b), só faz sentido a interação se houver pessoas interagindo, crescendo juntas por meio dos mais diversos meios de comunicação. Precisamos da discussão, para tentar defender nossas ideias, concordar, discordar, para aprendermos a respeitar o próximo, criticar e assimilar o conhecimento.

Na EaD, muitas vezes corremos o risco de ficar vidrados nas tecnologias e, como consequência, esquecemos o fator humano. A cada momento, lança-se um novo celular mais potente, um computador que faz quase tudo, que nos fascina a ponto de ficarmos encantados e esquecermos a vida fora dele.

Sobre essa temática, sugerimos um vídeo que mostra que estamos tão acostumados com o mundo "virtual" que algumas vezes nos esquecemos da vida "real": perdemos momentos de convivência com nossa família e amigos, pois estávamos no Facebook® adicionando mais pessoas. O vídeo *Desconecte-se para conectar-se*, disponível em <https://www.youtube.com/watch?v=xzpCCVDFJTI>, levanta algumas questões ao nosso estudo. Entre elas, a quem cabe a tarefa de "desconectar para conectar" na EaD.

O professor e o tutor têm funções diferentes e fundamentais na sala de aula. No entanto, os papéis de ambos se misturam tanto que acabamos confundindo as atribuições de cada um. Para solucionar esse problema, vamos tentar identificar didaticamente cada um desses sujeitos.

Como afirma Saraiva (2010, p. 162), a maioria dos autores indica o professor de EaD como aquele que planeja as atividades e determina os conteúdos. O tutor teria o papel de acompanhar um grupo, esclarecendo dúvidas, orientando os processos de aprendizagem e animando as discussões.

O professor na EaD, portanto, tem uma função mais clássica, como a de desenvolver os planos de aula, as atividades, preparar o material didático e lecionar, ou seja, um papel mais burocrático e com pouco acesso direto ao aluno. Geralmente, o professor profere sua aula de um estúdio, a qual é transmitida aos alunos via internet no AVA ou por satélite.

Nesse contexto da EaD, um dos grandes desafios é o de fornecer condições para que os professores ausentes se tornem presentes. Como afirma Zuin (2006, p. 948):

> não se pode ser ingênuo a ponto de se acreditar que a presença física do professor garanta por si só o ensino de boa qualidade, haja vista o fato de prevalecer, em muitas ocasiões presenciais, o denominado pacto da mediocridade, no qual o professor finge que ensina e os alunos fingem que aprendem. Por outro lado, este imperativo categórico do exibir-se, que se aferra na atual condição ontológica de que ser é ser percebido, deve se tornar, necessariamente, objeto de crítica dos professores cujas imagens são filtradas pelos canais de transmissão dos aparelhos eletrônicos envolvidos no ensino a distância.

Mas quem é o tutor? O que ele faz?

Discutiremos em seguida as atribuições do tutor apresentadas na Figura 3.2:

Figura 3.2 Atribuições do tutor

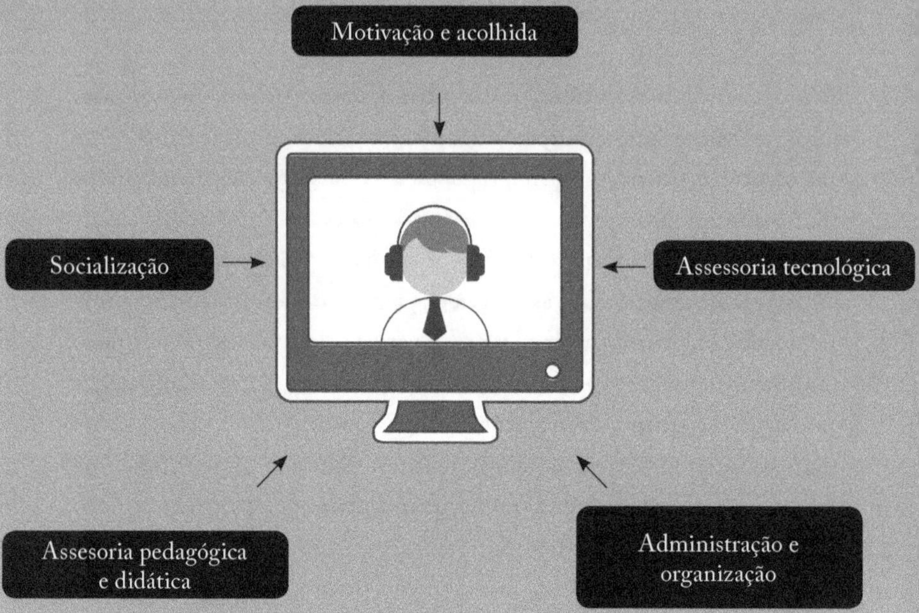

- Motivação e acolhida
- Socialização
- Assessoria tecnológica
- Assesoria pedagógica e didática
- Administração e organização

Fonte: Adaptado de Salmon, 2000.

Conforme ilustra a figura apresentada, o tutor na EaD tem sido incluído com o intuito de estimular os alunos, apresentando-lhes desafios. No entanto, existe o risco de o tutor se tornar um "protetor do aluno", a ponto de realizar as suas tarefas, o que é totalmente inapropriado.

Para Mattar (2012b, p. 24), entretanto, a escolha do termo é infeliz:

> Em linguagem jurídica, *tutor* é aquele que exerce tutela, ou seja, proteção de alguém mais frágil; aquele que vela, na vida civil, por um menor, interdito ou desaparecido, administrando seus bens. O tutor é nomeado por um juiz para tomar decisões em nome de uma pessoa que é considerada incapaz de fazê-lo por si própria. Certamente, não são esses personagens de que precisamos na educação no Brasil.

> O tutor tem mais contato com os alunos; ele precisa ser mediador, motivador, além de realizar funções sociais, administrativas, didáticas e pedagógicas.

A motivação é um fator que auxilia muito no processo de ensino e aprendizagem. As pessoas, quando motivadas, tendem a produzir mais e melhor, e diversos fatores contribuem para o aumento ou a baixa da motivação: a vida pessoal, o ambiente, a afetividade com o tutor, a qualidade do material. Nesse aspecto, o tutor precisa ser observador e acolhedor, apresentando com cuidado o material didático, o ambiente virtual, criando desafios e apresentando alternativas para solucionar os problemas dos alunos. Enfim, precisa colaborar para a integração dos alunos, fazendo com que eles interajam entre si.

Como lembra Mattar (2012b), é o tutor quem faz o contato inicial com a turma, provocando a apresentação e a continuidade de contato dos alunos e, inclusive, lida com os mais tímidos; envia mensagens de agradecimento e motivação, mantendo um tom amigável e acolhedor. Resumindo, ele é o responsável por gerar um senso de comunidade, de turma, de grupo. Por isso, esse profissional deve ter um elevado grau de inteligência interpessoal e capacidade de sociabilização e mediação, desempenhando nesse sentido um papel social e motivacional.

> A atuação do tutor para a promoção da afetividade deve acontecer no sentido do acolhimento, do acompanhamento qualitativo do aluno, procurando conhecê-lo, saber das suas dificuldades, valorizá-lo. É importante também considerar o perfil do aluno, que precisa estar disponível e motivado à participação. O próprio conteúdo do curso pode ser um elemento de motivação, pois vem atender a uma necessidade de formação, sentida pelo professor, para a utilização efetiva das TIC disponíveis na escola. (Oliveira, 2009, p. 14)

Mas, além dos fatores afetivo e social, o tutor precisa de outras habilidades dentro da sala de aula, atuando também como professor. Para isso, é fundamental que ele não só domine o conteúdo, mas também os recursos tecnológicos utilizados. Como incentivador do processo de aprendizagem, o tutor precisa atuar provocando a reflexão e a busca do conhecimento.

Por vezes, existe a tentação de oferecer atalhos aos estudantes, já que isso parece deixar o processo mais rápido e fácil para todos. Contudo, a aprendizagem significativa não acontece facilmente – ela requer esforço mútuo, colaboração, respeito aos ritmos e estilos de aprendizagem, o que acarreta ainda mais desafios para o trabalho do tutor.

Portanto, o tutor atua como um "secretário", se assim podemos usar esse termo para facilitar a compreensão da sua tarefa. É ele quem vai organizar o espaço escolar, os cronogramas e os espaços, mesmo que virtuais, da sala de aula. Segundo Mattar (2012b), o tutor é quem

> organiza a classe virtual, definindo o calendário e os objetivos do curso, dividindo grupos e deixando claras as expectativas em relação aos alunos, principalmente no sentido da interação esperada. A função do tutor é também acompanhar o aprendizado dos alunos e coordenar o tempo para o acesso ao material e a realização de atividades. Nesse sentido, o tutor desempenha um papel administrativo e organizacional. (Mattar, 2012b, p. 25-26, grifo nosso)

Nos aspectos administrativo e organizacional, cabe ao tutor profundo conhecimento da plataforma ou AVA para poder organizar os cronogramas, criar e acompanhar os fóruns.

Nessa etapa, o tutor tem de ser detentor de conhecimento digital e tecnológico, bem como ser uma pessoa organizada, que possa cumprir o próprio cronograma e auxiliar os alunos a cumprirem o seu. Reiteramos que esse profissional deve utilizar o AVA com facilidade e saber quais são os *links* mais usados para ajudar a equipe de desenvolvimento e *design* na estruturação da plataforma.

Pelo fato de o tutor estar em sala como professor, ele deve desenvolver funções pedagógicas e didáticas como qualquer outro profissional da educação, isto é, ele vai elaborar atividades, corrigi-las, além de estimular o diálogo em sala de aula.

Para Mattar (2012b), o trabalho do tutor envolve encorajar a construção do conhecimento, atuando em funções tais como "elaborar atividades, incentivar a pesquisa, fazer perguntas, avaliar respostas, relacionar comentários discrepantes, coordenar as discussões, sintetizar os pontos principais e desenvolver o clima intelectual" (Mattar, 2012b, p. 25-26).

O tutor precisa se dedicar ao curso. Mesmo assim, problemas podem ocorrer. Por exemplo: muitas vezes, para aumentar sua renda, o tutor se responsabiliza por muitos cursos e acaba por não aprofundar os debates dos fóruns, ou não indicar mais textos na rota de aprendizagem, limitando-se a fazer o mínimo e contribuindo pouco para o desenvolvimento da turma. Por isso, a instituição de ensino deve estimular o tutor com uma boa remuneração visando a que exerça bem suas atividades.

Em função do exposto, dizemos que o tutor tem a responsabilidade de estar presente como alguém fundamental na educação dos alunos, estimulando a obtenção de conhecimento e a procura pelo saber, atuando com muita atenção e cuidado.

Um caso que merece atenção é a falta de prática com a tecnologia. Muitas vezes, os alunos da EaD chegam sem o domínio do computador, pois nem sempre todos tiveram oportunidade de conhecer mais as tecnologias. Portanto, em muitas situações, o tutor precisa auxiliar os alunos a superar essa limitação.

Assim, além de dominar os AVA, como já vimos anteriormente, ele precisa saber ensinar os alunos a utilizá-los, conforme destaca Mattar (2012b, p. 25-26, grifo nosso): "O tutor deve auxiliar os alunos na interpretação do material visual e multimídia, pois muitas vezes os alunos não possuem essa capacidade e isso pode prejudicar o andamento do curso. Nesse caso, ele desempenha um **papel tecnológico**".

O tutor, dentro desse contexto, precisa ser mais valorizado e mais bem remunerado dentro das instituições de ensino. Afinal, a diminuição da evasão e o melhor desempenho dos alunos também dependem desse profissional. Existem alguns movimentos nacionais de equivalência de salário de professor e tutor. Em alguns materiais, já lemos até mesmo o termo "professor tutor", em vez de exclusivamente tutor.

Desse modo, entendendo as funções assumidas pelos tutores e seu trabalho e suas responsabilidades para com os alunos, podemos afirmar que tutor é professor. A Figura 3.3, a seguir, evidencia o papel de professor assumido pelo tutor na EaD.

Figura 3.3 Movimento Tutor é Professor

TUTOR = PROFESSOR
MOVIMENTO DE UNIFICAÇÃO DA PROFISSÃO

TUTOR = PROFESSOR
MOVIMENTO DE UNIFICAÇÃO DA PROFISSÃO

TUTOR = PROFESSOR

Crédito: Gestão Ativa.

Saiba mais e acompanhe o Movimento Tutor é Professor no Twitter: @tutoreprof e no *blog*:

MATTAR, J. TUTOR É PROFESSOR. Blog de Mattar. 18 set. 2011. Disponível em: <http://joaomattar.com/blog/2011/09/18/tutor-e-professor-2>. Acesso em: 27 fev. 2014.

Sintetizando, o tutor precisa dominar, além dos conhecimentos pedagógicos e técnicos de cada disciplina, o fator social e o didático para promover a interação da turma e estimular as participações nos fóruns, nas atividades e em outras formas de comunicação disponíveis no AVA.

O tutor também precisa ser disponível, organizado e paciente, com capacidade de organizar cronogramas e o AVA, assumindo responsabilidades administrativas e tecnológicas.

Qual é o perfil dos tutores? Em que espaço eles se encaixam na EaD?

O tutor pode estar dentro das salas de aula acompanhando o aluno presencialmente ou então se manter a distância numa central, atendendo aos alunos pelas diversas ferramentas tecnológicas de mediação: telefone, *chat*, AVA, fórum.

Como alguns cursos não exigem o encontro presencial, daremos ênfase às funções do tutor a distância. É importante salientar, no entanto, que ambos acabam desenvolvendo as mesmas atividades e incorporando as mesmas responsabilidades.

O tutor em si tem o papel de orientar e avaliar a aprendizagem a distância. Para tanto, também é necessário que ele tenha perfil formador, sendo aquele que auxilia e estimula a formação continuada e de qualidade, principalmente por meio das interações e motivações extrínsecas.

Ele deve também ser um tutor professor, responsável pela concepção pedagógica e didática, além de estimular leitura, produção, resumos e reconstrução do material didático.

É importante ainda ser monitor da exploração de materiais didáticos em grupos de aprendizagem e também dar respostas aos alunos quanto às plataformas de ensino, sendo ainda capaz de responder a qualquer dúvida que possa surgir a respeito dos recursos didáticos.

Acrescenta-se que o tutor deve ter o perfil de pesquisador, buscando o conhecimento e estimulando sua turma a fazer o mesmo, propondo investigações e atualizações continuadas.

E, por fim, o último perfil exigido para o tutor é o de tecnólogo educacional, ou seja, que ele seja especializado em tecnologias da educação.

A Figura 3.4 resume as características esperadas de um tutor.

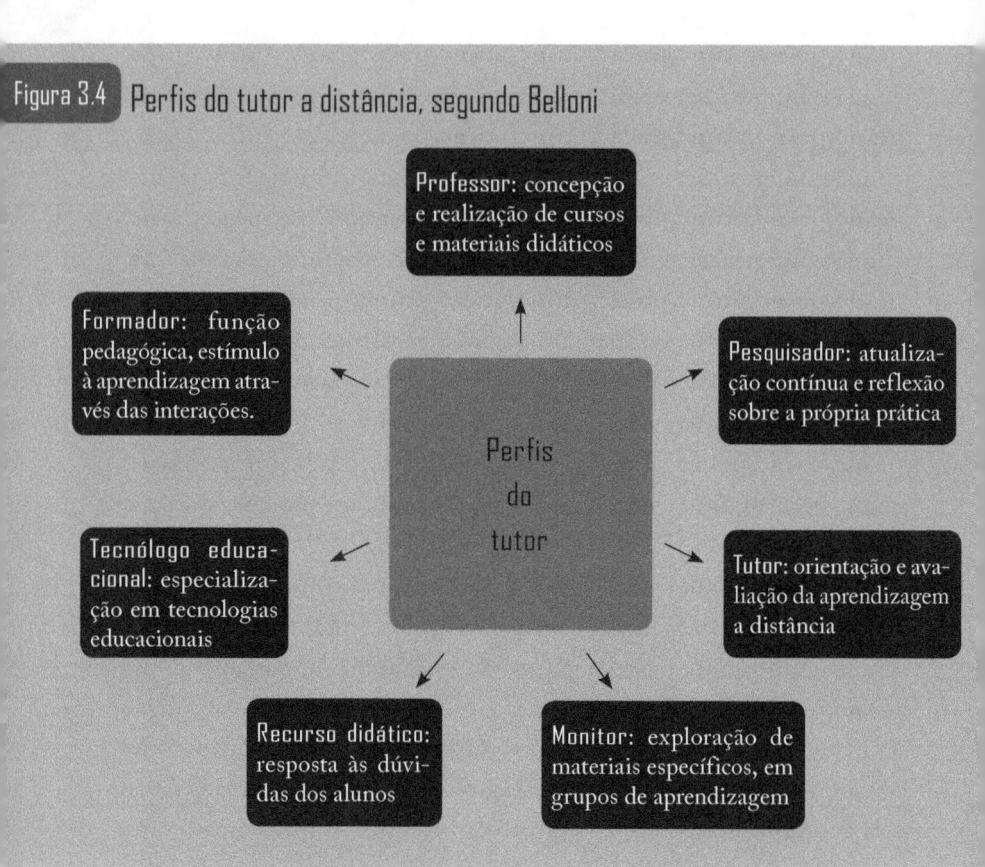

Figura 3.4 Perfis do tutor a distância, segundo Belloni

- **Professor:** concepção e realização de cursos e materiais didáticos
- **Formador:** função pedagógica, estímulo à aprendizagem através das interações.
- **Pesquisador:** atualização contínua e reflexão sobre a própria prática
- **Tecnólogo educacional:** especialização em tecnologias educacionais
- **Tutor:** orientação e avaliação da aprendizagem a distância
- **Recurso didático:** resposta às dúvidas dos alunos
- **Monitor:** exploração de materiais específicos, em grupos de aprendizagem

Fonte: Mousinho; Spíndola, 2010.

Por todos esses motivos, o professor tutor se faz tão essencial, pois, sem ele, existiria uma grande lacuna na EaD.

Síntese

Neste capítulo, pudemos chegar à conclusão que o planejamento é fundamental para organizar e melhorar a qualidade da educação. Para planejar, é necessário escolher um tema, traçar os objetivos, a justificativa e a metodologia relacionados (como fazer). Para melhorar a qualidade dos cursos ofertados na modalidade de EaD, o plano relacionado deve apresentar um pouco da nossa realidade dos cursos ofertados na modalidade de EaD, os recursos necessários, a faixa etária para a qual os cursos se destinam, entre outros elementos.

Para que uma IES possa funcionar, é necessário que possua um PDI, documento cuja elaboração precisa atender às exigências do MEC.

Para uma educação de qualidade, é preciso dar conta de muitos fatores, entre os quais destacamos uma boa comunicação entre os sujeitos, a colaboração de todos os envolvidos e a igualdade e a acessibilidade.

Detalhamos também o papel do tutor, que precisa dominar, além dos conhecimentos pedagógicos e técnicos de cada disciplina, o fator social e o didático para promover a interação da turma, estimulando as participações nos fóruns, nas atividades e em outras formas de comunicação e interação possíveis.

Vimos ainda que o tutor precisa ser valorizado e reconhecido como professor, pois desenvolve funções de professor, pesquisador, técnico de recursos didáticos e em tecnologias educacionais.

Complemente o seu estudo

MATTAR, J. Tutor é professor: Carta de João Pessoa. Blog de Mattar. 4 maio 2011. Disponível em: <http://joaomattar.com/blog/2011/05/04/tutor-e-professor-carta-de-joao-pessoa>. Acesso em: 4 set. 2014.

TEMPORADA FORA. Mini-história da educação no Brasil. Disponível em: <http://www.youtube.com/user/temporadafora?v=rLSmU6deuPQ>. Acesso em: 8 abr. 2014.

Animação que conta a história da educação no Brasil, fazendo-nos refletir sobre organização educacional e verbas destinadas à educação. Já teve mais de 200 mil acessos. Vale a pena assistir.

Leia a *Carta de João Pessoa*. Documento oficial redigido durante o oitavo Seminário Nacional Abed de Educação a Distância (Senaed), em 28 e 29 de abril de 2011, e organizado pela Associação Brasileira de Educação a Distância (Abed), apresentando inquietações sobre a profissão de tutor, desvinculada da função de professor.

Blogs

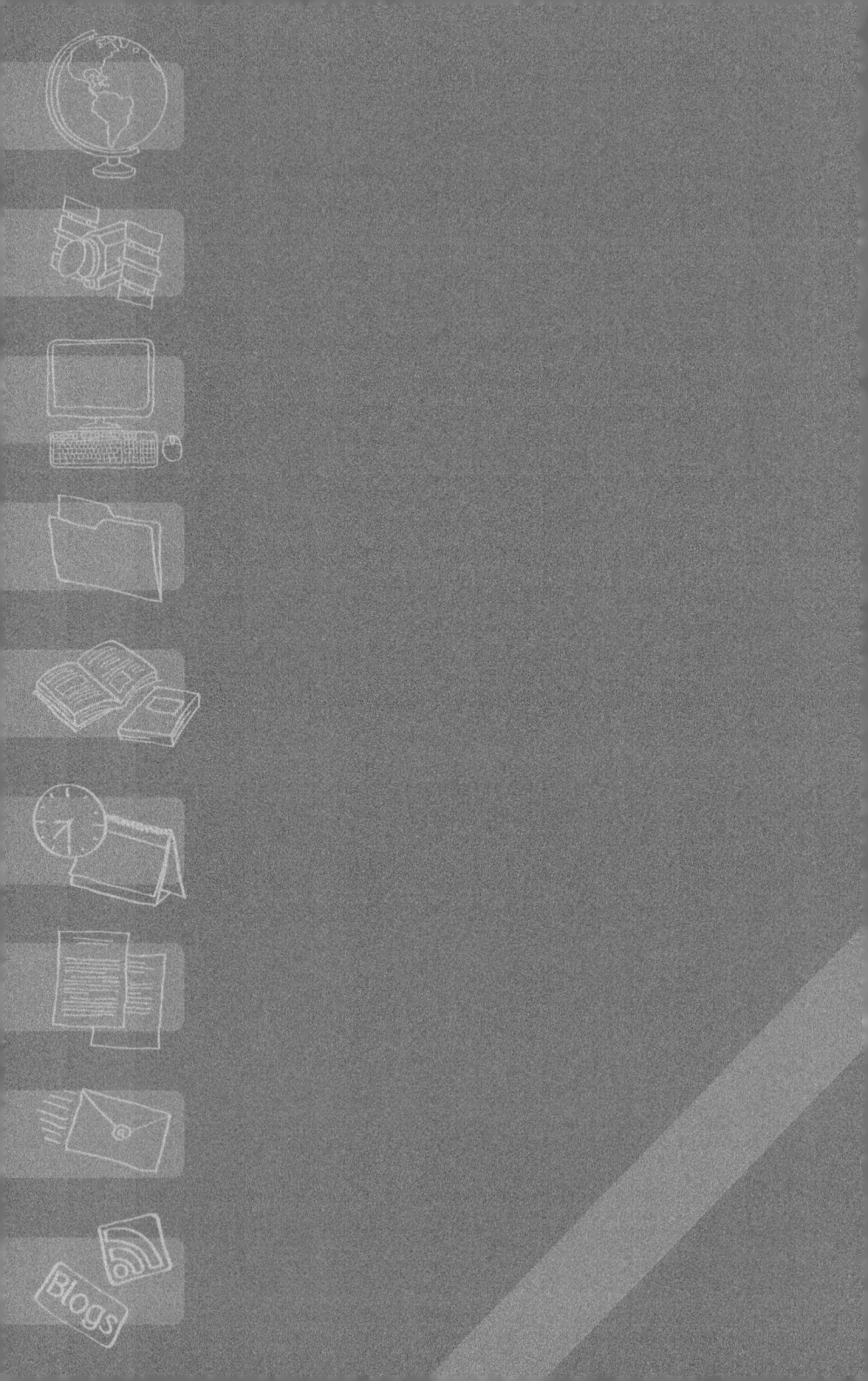

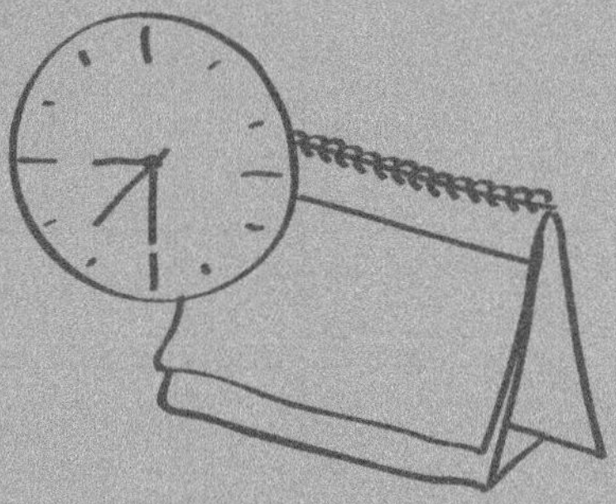

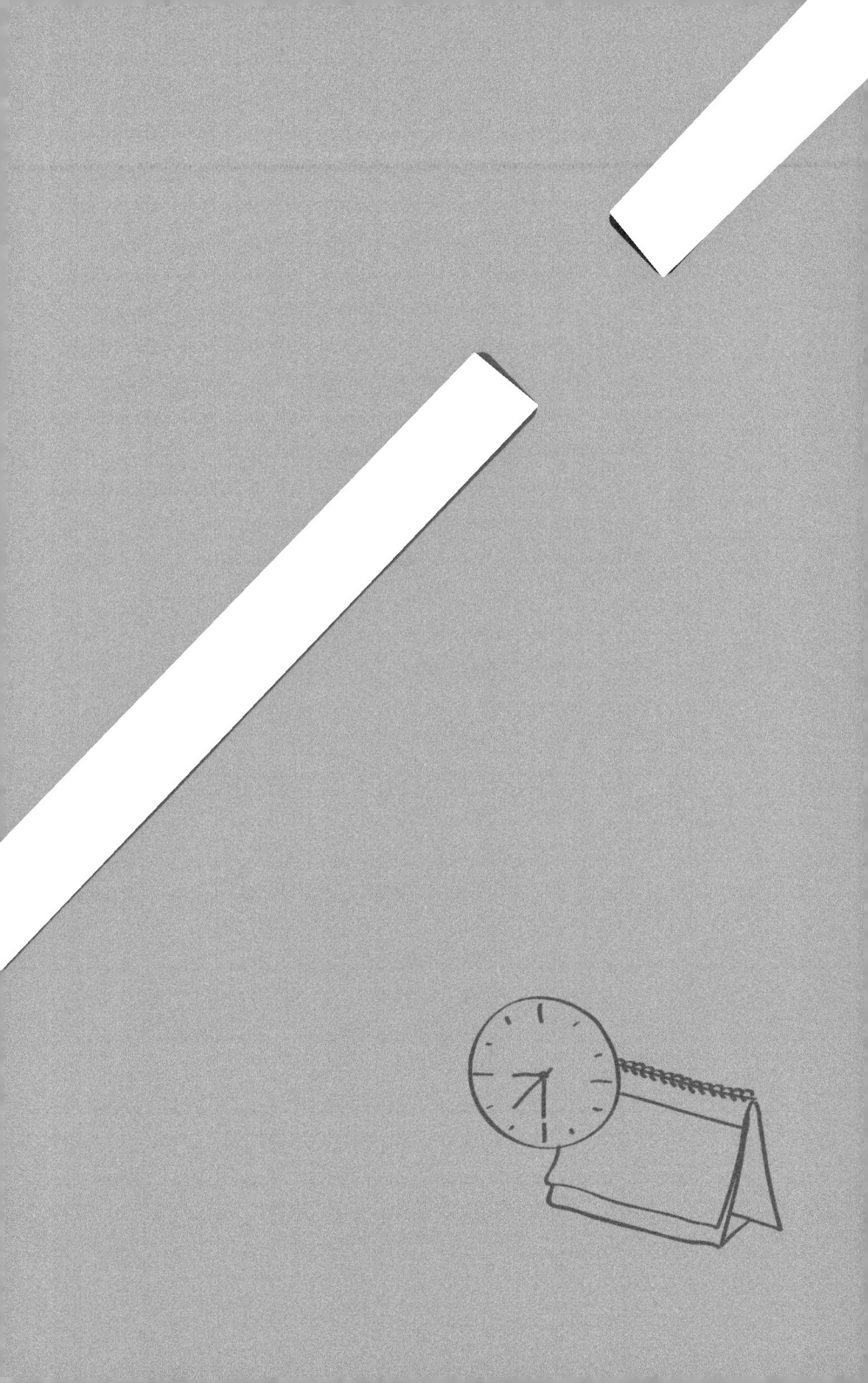

A avaliação é um tema complexo, marcado por contradições. Neste capítulo, vamos verificar como as avaliações são necessárias e constituem excelentes instrumentos para auxiliar no processo de aprendizagem.

Um processo de ensino e aprendizagem que não contemple a avaliação torna-se incompleto, pois é por meio dela que se pode verificar a eficácia de uma proposta pedagógica e, ao mesmo tempo, apontar caminhos para melhorá-la. Por isso, a avaliação, além de ser constante, não pode se restringir a um momento e instrumento específico aplicado ao final de uma disciplina.

Analisaremos, portanto, as formas de avaliação e faremos alguns apontamentos com foco na educação a distância (EaD). Esperamos que essas indicações possam colaborar na promoção de uma avaliação mais justa, respeitosa e ética, que consiga atender às necessidades do processo de ensino e aprendizado nessa modalidade.

4.1 A necessidade de avaliar

Vivemos em uma sociedade na qual as avaliações, desde a educação básica, são utilizadas como forma de o professor manter seu poder hierárquico perante a turma. Quem nunca ouviu a frase: "Vou tirar nota da avaliação de quem fizer bagunça!".

Em nossa tradição escolar, as avaliações, de um modo geral, são provas, nem sempre bem elaboradas, que decidem se somos bons ou maus alunos. Não interessa se o aluno é participativo, se interage com a turma e com o professor, se é organizado e apresenta suas tarefas pontualmente. Se, no dia da avaliação, ele se sai mal, tacham-no como um aluno ruim. Portanto, cabe a pergunta: de onde vem essa cultura?

Vemo-nos às voltas com uma sociedade hierárquica e capitalista na qual o chefe supervisiona e o assalariado obedece às ordens e as segue. Dentro dessa visão, a escola precisa preparar os alunos para o mercado de trabalho, onde as avaliações acontecem sem prévio aviso e a todo momento.

O indivíduo pode ser um excelente funcionário, sempre cumprir seus horários, mas, se passa um mês ou dois sem alcançar as metas estipuladas pela empresa em que trabalha, talvez sofra pressão, leve uma advertência ou quem sabe até seja demitido.

Como a escola é um reflexo da sociedade e vice-versa, a competição também está presente nos bancos escolares. No lugar do chefe, o professor; no lugar do assalariado, o aluno. As avaliações determinam quem é o aluno e qual é o seu valor.

Nesse sentido, embora Marx não tenha escrito um manual sobre educação, o filósofo alemão fez considerações fundamentais. Rodrigues (2004, p. 52-53) apresenta pensamentos do autor:

> o caminho que Marx vislumbrava contava com a contribuição do processo educacional, e seria por assim dizer inverso ao caminho da expropriação dos saberes produtivos das classes trabalhadoras, da qual serviu-se [*sic*] o capitalista industrial para construir sua fábrica. Não se tratava de ensinar o filho do operário que ele era uma vítima da exploração burguesa, mas ensiná-lo a operar as fábricas burguesas. Não através de uma operação circunscrita às tarefas parciais, como ocorria, mas de um processo educacional que lhe devolvesse, tanto quanto possível, a percepção do conjunto de processo produtivo moderno.

Entendemos que a educação não pode ser vista apenas como preparação para o mercado de trabalho; ela é processo de formação humana. Não se trata de preparar exclusivamente os alunos para o chão de fábrica ou o ambiente empresarial, mas realmente prepará-los para a vida em sociedade.

Luckesi (1997) escreve que, para uma escola democrática, precisamos envolver os alunos e conhecê-los. Dessa forma, avaliando-os não para julgá-los, mas para ensiná-los, fazemos com que pensem como cidadãos ativos e críticos. Por isso é necessário que tenhamos um planejamento das aulas e de como será realizada a avaliação dos alunos.

Temos de ter um propósito na avaliação: o que você pretende com ela? Quais são os objetivos? Qual é a justificativa? Qual é a metodologia?

As mesmas perguntas que utilizamos para elaborar o planejamento das aulas podem ser consideradas relevantes para o planejamento da avaliação.

4.2 O processo avaliativo na EaD

As avaliações são vistas como "monstros de sete cabeças", despertam medo nos alunos e tiram o sono dos professores, que precisam pensar muito bem ao elaborá-las para que elas alcancem seus objetivos.

Mas quem são os avaliados e avaliadores? Apenas os professores e os alunos? Para que servem as avaliações? Como avaliar?

Sobre essas questões vamos refletir um pouco agora.

Começaremos pensando no que são as avaliações e para que elas servem. Não esperamos receber respostas que afirmem ser a avaliação um instrumento para amedrontar os alunos ou para obrigar a turma a participar de alguma atividade (embora muitas das vezes seja usada para isso mesmo). A Figura 4.1 a seguir ilustra, de modo bem-humorado, o medo que permeia os alunos diante de uma avaliação.

Medo de prova

Figura 4.1

Crédito: Fotolia.

De acordo com Bueno (1982, p. 154), avaliar é "determinar o valor ou a valia de; apreciar o merecimento de; reconhecer a força de; fazer ideia de; estimar; aquilatar; aferir". Mas, além disso, avaliar é diagnosticar para retomada de caminhos tendo em vista a mesma direção: "Quando avaliamos, devemos ir ao encontro da reflexão em busca de resultados e soluções, e não com a intenção de punir ou constranger [...]" (Cury; Cury, 2014).

Contudo, de um modo geral, pode-se dizer que a história da avaliação está marcada por contradições. No caso brasileiro não é diferente. O que deveria favorecer o aprendizado foi utilizado como um instrumento de medida, classificação, castigo e punição, despertando o medo e provocando muitas frustrações. Como afirma Gatti (2002, p. 18, grifo do original), "fazer alunos 'repetirem' o ano, por 'avaliações rigorosas', tornou-se 'natural'."

No entanto, no fim da década de 1980, as políticas educacionais começaram a se direcionar para uma a implantação de uma nova cultura de avaliação, visando incluir, emancipar e melhorar a vida das pessoas.

Foram propostas outras formas de avaliar, as quais abrangem outros sujeitos além do professor e do aluno, como as avaliações institucionais, cujo objetivo é avaliar as instituições de ensino. Existem também as avaliações internas, feitas por toda a comunidade escolar, e as externas, feitas pelo Ministério da Educação (MEC). Passaremos em seguida a caracterizar os dois tipos aqui citados.

A avaliação interna analisa o desempenho de docentes, discentes, pessoal técnico e administrativo e gestores, bem como as condições físicas e materiais da instituição para posterior reflexão e adequação do projeto político-pedagógico (PPP), visando à melhoria do ensino. Quem participa dela são todos os envolvidos no processo de ensino e aprendizagem, ou seja, alunos, família, professores, diretores, pessoal técnico e administrativo, enfim, toda a comunidade escolar.

A avaliação externa é uma das exigências de organismos internacionais, como o Banco Mundial, por exemplo, financiadores do sistema educacional. Tem como principal finalidade avaliar índices qualitativos para o financiamento de programas destinados a alcançar as metas estipuladas. A quantidade de recursos destinados a financiar o sistema educacional público em nosso país está atrelada aos índices alcançados. Por isso também, obriga-se a que as instituições sejam submetidas a essas avaliações. Como exemplo, podemos citar a Prova Brasil e o Enem.

No ensino superior, o Enade é a ferramenta utilizada pelo MEC para avaliar as instituições de ensino.

Mas como desenvolver uma avaliação efetiva?

Conforme vimos anteriormente, no Capítulo 3, é necessária a elaboração de um planejamento para sabermos por qual caminho iremos trilhar, de modo a prepararmos os recursos e os materiais para, dessa maneira, adequar em tempo hábil todas as atividades necessárias aos alunos e alcançar todas as metas estipuladas.

Precisamos analisar, pesquisar e nos perguntar qual deve ser o currículo mínimo necessário que nossa turma precisa dominar para ser aprovada ao final do ano letivo/módulo; quais competências, habilidades e valores devemos esperar que a turma alcance; quais estratégias de ensino buscar para que todos assimilem esse currículo; como tratar todos os alunos de uma maneira individualizada, respeitando limitações e incentivando superações, respeitando as dificuldades pedagógicas ou recorrendo à utilização das tecnologias digitais que podem surgir durante o curso.

Como verificarmos, no entanto, se tudo que planejamos foi realmente válido e proveitoso?

A resposta é: recorrendo às avaliações, que apontam nossos índices quantitativos e qualitativos, demonstrando o sucesso ou o fracasso do nosso trabalho. Com esses índices, é possível verificar se a turma conseguiu aprender.

Observemos, no entanto, que neste tópico mencionamos índices quantitativos e qualitativos, pois a cultura educacional nos conceituou tradicionalmente com notas ou índices numéricos. Somos um conceito (bom, ruim) ou um número (nota 10, 0).

No entanto, apesar de toda a tradição escolar marcada pela atribuição de notas, somos muito mais que conceitos; somos o que aprendemos, o que fazemos, o que pensamos. Daí a importância de enfatizar o aspecto qualitativo do que foi estudado, ou seja, quais conhecimentos adquirimos, como eles fizeram diferença em nossa vida, enfim, como nos transformaram e nos ajudaram a ser melhores.

Às vezes, fazemos um planejamento maravilhoso, mas nem sempre conseguimos alcançar os resultados que esperávamos, pelo fato de as turmas serem diferentes e cada aluno ser um sujeito único. Nessa dinâmica, avaliar se torna uma tarefa extremamente complexa.

Qual é o propósito das avaliações?

Nada mais é do que avaliar o conhecimento adquirido, verificando se a aprendizagem foi efetiva. Nós sabemos que, quando conversamos sobre educação, seja presencial, seja a distância, logo nos vem à mente a palavra *aprendizagem*, pois esse é o objetivo maior da educação.

Para Romanowski e Cortelazzo (2004. p. 90),

a educação tem na avaliação escolar uma maneira de aferir como o aluno vem se apropriando do conhecimento na escola. Avaliar exige acompanhar o crescimento do educando, utilizando para isso vários instrumentos de diagnóstico, que resultam na nota como reflexo de todo o desenrolar de uma construção de pensamento científico no educando. Desta maneira, a avaliação assume um caráter mais construtivo do que instrutivo da aprendizagem.

Percebemos, assim, a extrema importância da avaliação no processo de ensino e aprendizagem. Por meio dela é possível verificar como está o aprendizado, diagnosticar distorções no processo de educação e, assim, propor ações de melhoria.

Mas, então, como avaliar?

Como já vimos, na nossa formação até a atualidade as formas de avaliação são diversas, como provas, testes, feiras de ciência, apresentação de maquete, seminários, fóruns, testes orais, produção de trabalhos.

As formas de avaliação são muitas, então, como escolher a mais apropriada em cada situação?

De acordo com Schenini (2008), não existe a melhor forma de avaliar, sendo importante que o professor utilize múltiplos instrumentos e recursos para dar oportunidade aos estudantes de terem contato com as diferentes formas de avaliação.

Para saber mais, acesse o Portal do Professor e leia o artigo de Fátima Schenini:
SCHENINI, F. Múltiplos instrumentos podem aperfeiçoar o processo de avaliação escolar. Portal do Professor, n. 38, 17 dez. 2008. Disponível em: <http://portaldoprofessor.mec.gov.br/conteudoJornal.html?idConteudo=272>. Acesso em: 12 nov. 2012.

E na EaD, como avaliar?

No que diz respeito à EaD, uma vez que ela exige muita autonomia do aluno, é importante oferecer a ele condições para que possa perceber se está progredindo ou não. Por isso, ressaltamos a necessidade de compreender a avaliação como um processo que não é trabalho exclusivo de um dos sujeitos da EaD, mas responsabilidade de toda a instituição, desde o planejamento, passando pela elaboração até a concretização do processo avaliativo.

Considerando a realidade específica da EaD, daremos a seguir algumas sugestões de como a avaliação pode ser efetiva e eficaz, tornando o processo de ensino e aprendizado rico e produtivo.

Reiterando, a avaliação é uma das dimensões do planejamento, portanto, deve ser organizada. Assim sendo, precisamos inserir no nosso plano de curso as formas de avaliação, como devem funcionar e quando acontecerão.

Não esqueçamos que na EaD, assim como em outras atividades, trabalhamos com muita atenção aos prazos. Então, é necessário desenvolver um cronograma ou até um manual explicando com clareza e objetividade o que precisa ser realizado e quando.

Essa organização tem de ser compartilhada e seguida por todos os envolvidos no processo, pois, do contrário, o trabalho da instituição ficará demasiadamente prejudicado. Os recursos tecnológicos necessários, os instrumentos utilizados, a forma de realizar as avaliações, entre outros elementos, são questões que não podem, em hipótese alguma, ser negligenciadas no planejamento de um curso que será oferecido na modalidade a distância.

Outro aspecto fundamental a ser pensado é a previsão de uma forma de *feedback* ao aluno, para que ele saiba o que realmente aprendeu, em que e como precisa melhorar, com vistas à concretização de sua formação acadêmica e profissional.

A Figura 4.2 a seguir apresenta os quatro pontos principais norteadores de uma boa avaliação:

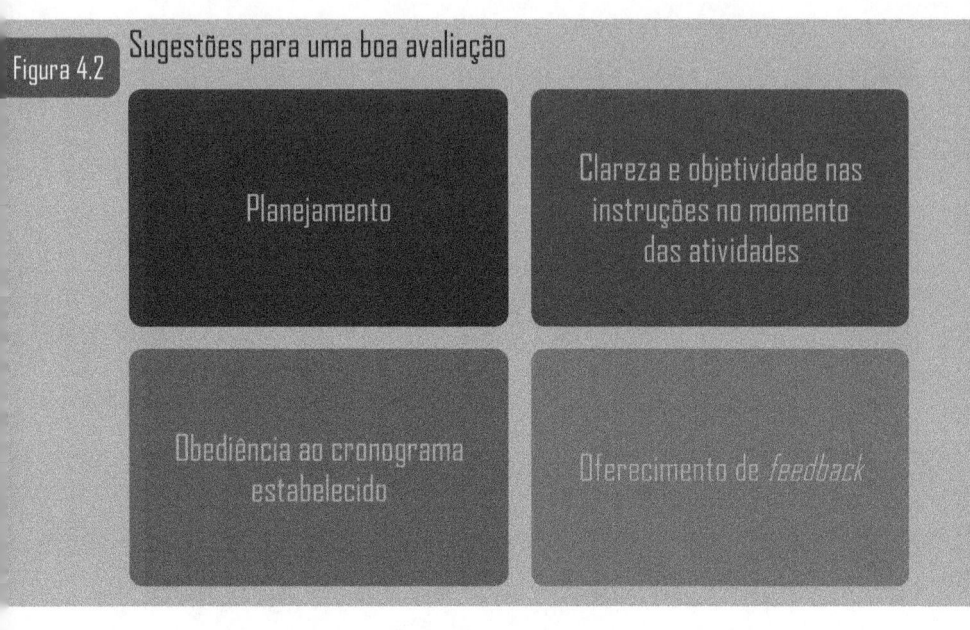

Figura 4.2

Sugestões para uma boa avaliação

- Planejamento
- Clareza e objetividade nas instruções no momento das atividades
- Obediência ao cronograma estabelecido
- Oferecimento de *feedback*

Observamos que na EaD é comum o uso três tipos de avaliações, assim nomeadas e explanadas a seguir:

- autoavaliação;
- coavaliação;
- heteroavaliação.

Na autoavaliação, o aluno autônomo procura perceber como anda seu desenvolvimento no curso. Para isso, pode utilizar mecanismos de avaliação como simulados, questionários, resenhas, resumos e elaboração de portfólios.

A coavaliação, por sua vez, exige interação entre os sujeitos da aprendizagem, pois é nesse momento que o grupo tem a condição de se avaliar em conjunto, como acontece em fóruns, seminários e mesas redondas.

E, por fim, na heteroavaliação se aplicam instrumentos como provas objetivas e discursivas para aferir, medir, diagnosticar, mensurar e ponderar a avaliação da turma ou do grupo.

Esses três tipos de avaliação têm diversos objetivos e são geralmente utilizados com o intuito de diagnosticar o nível do aluno, verificar se ele está aprendendo durante o processo e, finalmente, analisar seu rendimento no final da trajetória educativa.

Por isso, encontraremos muitos autores falando em avaliação formativa, cuja finalidade é acompanhar o aluno durante o processo de aula. Esse tipo de avaliação ajuda a formar o aluno, pois o auxilia a se autoavaliar e crescer no decorrer do curso.

Essa avaliação é muito importante na EaD, pois os alunos seguem no curso de forma mais autônoma. Assim, os estudantes são conduzidos de modo a sempre estarem prontos para qualquer tipo de avaliação a qualquer momento do curso, evitando que alguns estudem apenas na semana da prova final, perdendo muito conteúdo.

Além disso, o aluno pode verificar seu rendimento, seu aproveitamento, se precisa dedicar-se mais a algum item em que apresentou rendimento mais baixo. Vale ainda reiterar sempre a relevância do *feedback*, pois o aluno precisa ter acesso a suas notas ou a seus relatórios de avaliação durante o curso, senão esse tipo de avaliação não faz sentido.

Existe ainda outro tipo de avaliação, denominada *somativa*, que procura verificar a eficácia do curso, dos corpos docente e discente. Essa é a "avaliação clássica", aquela que já conhecemos: provas, notas, aprovação, reprovação, constituindo-se bastante importante e, por isso, devendo ser elaborada com o cuidado de dar oportunidades a todos os alunos. É necessário sempre pensarmos na qualidade do ensino, e não apenas nos índices quantitativos.

Não é nosso objetivo dar uma receita indicando o melhor tipo de avaliação, pois na educação em geral não existem soluções prontas para cada ocasião. É importante lembrar que estamos lidando com pessoas, com realidades, com diversos fatores variantes. Por isso, nessa hora, cabe o bom senso para analisar os tipos de avaliações que existem e verificar quais são os mais adequados dentro de cada realidade.

4.3 A ética, o bom senso e a avaliação

Sabemos que, na EaD, o aluno precisa ser muito autônomo, organizado e responsável. Isso significa que ele deve seguir algumas regras, por exemplo, cronogramas, frequência nos fóruns e formas de avaliações.

Se o aluno não for organizado, acabará perdendo datas do cronograma e poderá deixar de participar de uma atividade por problemas particulares. E então, nessas situações, o que devemos fazer?

Aqui, novamente o bom senso e a ética são fundamentais. Temos de avaliar bem a situação. Por exemplo: se permitirmos a esse aluno fazer as avaliações fora do prazo, estaremos ajudando-o, mostrando que o sistema é flexível e que ele realmente pode fazer as avaliações na hora em que desejar.

E como se sente o restante da turma que cumpriu o que foi estipulado com essa "exceção"? O que a instituição de ensino determina com relação a isso?

Por isso, nesse momento entra a razão:

> A avaliação é uma questão de justiça, bom senso, equilíbrio pessoal e valorização do desempenho do aluno; devemos sempre procurar enfatizar o aprender a aprender, o aprender a ser, aprender a criar e aprender a fazer. Assim, a avaliação do ensino, da aprendizagem e da produção é concebida sob a ótica da competência (retenção de conhecimentos), da capacidade (saber aplicar e relacionar conhecimentos), da habilidade (saber aplicar conhecimentos de forma criativa e inovadora) e da (con)vivência (sentir-se realizado por ser competente, capaz e hábil). (Both, 2011, p. 110)

Existem muitos alunos que são dedicados e, por motivos diversos, como problemas de conexão na internet ou doença, perdem avaliações. Nesses casos, temos de agir com equidade, visando auxiliar esse aluno e o restante da turma, mas sempre com cuidado para não infligir as normas do curso e da instituição.

O bom senso é importante no momento de avaliar e também no instante da correção das avaliações. Portanto, temos de adaptar a avaliação com a modalidade de ensino, sem simplesmente usar as avaliações do ensino presencial; precisamos desenvolver formas de avaliar que sejam apropriadas à EaD.

Temos à nossa disposição diversas ferramentas que podem nos auxiliar, como o ambiente virtual de aprendizagem (AVA), os *sites* educacionais, os *blogs* e até as redes sociais. A extensão de ferramentas é grande, bem como as possibilidades. Logo, cabe ao professor tutor, à instituição e ao aluno estudarem formas de avaliar com o objetivo de desenvolver a aprendizagem. Both (2011, p. 32) enfatiza a importância do bom senso em relação às avaliações: "O bom senso representa uma das máximas em avaliação, uma vez que cabe ao professor responsabilizar-se não pelo aluno como pessoa, mas pelo conhecimento que lhe torna acessível, bem como pela reação e pela mudança comportamental que provoca nele como ser social".

Como observamos na consideração de Both (2011), a instituição de ensino não deve se responsabilizar pelo aluno como pessoa, mas pelo conhecimento que lhe oferece e pelas consequências positivas que decorrem desse processo.

Este é o propósito da educação: humanizar, construir um ser pensante, com capacidade de se desenvolver como ser participativo de uma sociedade.

> O trinômio ensino-aprendizagem-avaliação permite ao aluno reconhecer seu papel, tanto na família quanto na sociedade, como ser cooperador, criativo, participativo e corresponsável pela gradual elevação da qualidade de vida. E nós, como educadores, não podemos nos furtar de dar essa oportunidade a ele. (Both, 2011, p. 33)

A educação visa ao desenvolvimento integral dos sujeitos. Se nela percebemos que isso não está acontecendo, é sinal de que alguma coisa no processo educacional precisa ser ajustado: o sistema, o planejamento, a avaliação ou mesmo o comportamento dos sujeitos envolvidos.

Como afirma Both (2011, p. 49), na condição de professores, "avaliar é, antes de tudo, um processo de responsabilidade, de justiça e de equilíbrio de nossa parte". A avaliação é fundamental no processo de ensino e aprendizagem, inclusive para analisarmos e repensarmos constantemente nosso trabalho docente.

Síntese

Neste capítulo, estudamos como pode ser realizada a avaliação e a importância do planejamento para conseguirmos um melhor resultado no processo avaliativo. Precisamos de clareza e objetividade para elaborar as instruções das atividades, bem como para desenvolver os enunciados das questões das avaliações, não deixando margem para duplas interpretações ou dúvidas do que precisa ser feito.

Outro ponto importante para realizar uma avaliação efetiva é desenvolver e seguir um cronograma de tarefas e entrega de atividades. Alie-se a isso o bom senso, outro aspecto fundamental quando focalizamos o processo avaliativo.

Toda avaliação precisa também oferecer um *feedback* ao aluno, para que ele se autoavalie, perceba o que já conseguiu assimilar e o que precisa melhorar e de que maneira deve fazê-lo.

Vimos que a avaliação pode ocorrer de diversas formas e que na EaD temos três modos populares de fazê-la: a autoavaliação, a coavaliação e a heteroavaliação. Também destacamos que a avaliação pode ser diagnóstica, objetivando verificar em que nível de aprendizado os alunos se encontram; somativa, para classificar com conceitos ou notas o desempenho dos estudantes; ou formativa, com o propósito de acrescentar algo na formação do aluno, verificando quais pontos precisam ser desenvolvidos.

Por fim, neste capítulo, apresentamos que é necessário manter ética, bom senso e justiça para fazer uma avaliação efetiva e de qualidade.

Complemente o seu estudo
Livro

BOTH, I. J. Avaliação planejada, aprendizagem consentida: é ensinando que se avalia, é avaliando que se ensina. Curitiba: Ibpex, 2011.

O livro apresenta diversas concepções de avaliação, bem como sugestões para avaliar de maneira mais apropriada nos diversos níveis da Educação Básica.

Vídeos

Assista à aula sobre *Avaliação da aprendizagem*, com o professor doutor Cipriano Luckesi, na qual o autor faz uma contextualização histórica do ensino, mostrando a importância da avaliação e refletindo sobre quais são as verdadeiras razões de avaliar.

LUCKESI, C. Avaliação da aprendizagem. Disponível em: <http://www.youtube.com/watch?v=JqSRs9Hqgtc>. Acesso em: 8 abr. 2014.

Considerações finais

Ao escrevermos algumas palavras para concluir nossas reflexões nesta obra, uma primeira consideração importante é deixar claro que não tivemos o objetivo de esgotar os assuntos aqui abordados. O intuito foi fazermos uma análise das práticas pedagógicas em educação a distância (EaD) e oferecermos subsídios a todos que já atuam, desejam atuar nesse campo ou mesmo se interessem pelo tema.

A demanda por EaD está crescendo cada vez mais. Os avanços tecnológicos têm dado um grande impulso para potencializar esse crescimento, bem como a necessidade dos estudantes de buscarem seu próprio ritmo de tempo de aprendizagem. Por isso, procuramos abordar a questão da pesquisa e das práticas pedagógicas em EaD, evidenciando as características que nos permitem considerar uma prática como pedagógica. Salientamos que a prática pedagógica tem caráter social, apresentando na EaD características singulares em virtude das particularidades dos sujeitos (alunos, professores, tutores, gestores), dos recursos utilizados (tecnologias) e da forma de organização e operacionalização do processo de ensino e aprendizagem.

De modo geral, apresentamos os fundamentos, as características e os componentes da EaD e salientamos a necessidade de compreendê-la em um horizonte maior, que é a realidade da educação. Isso evita o perigo de considerá-la uma exceção ou algo completamente novo e desvinculado da realidade educacional. Procuramos também evidenciar que o ambiente educacional na EaD exige transformações significativas, por exemplo, em relação ao tempo e ao espaço. Essas mudanças, contudo, não desconsiderariam tudo o que já se produziu e realizou na área da educação.

A EaD busca utilizar recursos e instrumentos para colaborar com os alunos no processo educacional. Assim, apresentamos nesta obra algumas dessas ferramentas, como os ambientes virtuais de aprendizagem (AVAs) algumas de suas especificidades, fundamentais nesse tipo de processo educacional. A utilização de diversos meios tecnológicos colabora com a comunicação, tanto para o acesso às informações quanto para o acesso aos materiais didáticos utilizados nos cursos.

As redes sociais (Facebook®, Twitter®, *blogs*) também estão sendo cada vez mais utilizadas como ferramenta no processo de ensino e aprendizagem.

Abordamos também as implicações da EaD para o trabalho dos professores e enfatizamos o fato de docente ser entendido como uma entidade coletiva (Belloni, 2008), principalmente na organização do trabalho, que é marcada pela divisão e especialização.

Ainda quanto à EaD, é importantíssimo destacar o papel do professor tutor, que precisa dominar, além dos conhecimentos pedagógicos e técnicos de cada disciplina, os fatores social e didático para fazer acontecer a interação da turma. É ele o responsável por estimular as participações nos fóruns, nas atividades e em outras formas de comunicação disponíveis. Nesse contexto, o tutor precisa cada vez mais ser valorizado e reconhecido como professor, pois desenvolve funções de professor, pesquisador, técnico em recursos didáticos e em tecnologias educacionais.

Outro ponto a ser retomado diz respeito à autonomia e ao comportamento ético dos sujeitos da EaD. Como enfatizamos, o estudante que opta pela EaD precisa buscar ser autônomo, sobretudo na organização do seu tempo de estudo e na gerência de sua vida pessoal e profissional.

Também não podemos deixar de mencionar a importância do planejamento como uma ferramenta necessária para organizar e melhorar a qualidade do ensino. Para uma instituição de Ensino Superior é necessário lançar mão do plano de desenvolvimento institucional (PDI), que deve estar de acordo com as exigências do Ministério da Educação (MEC), contemplando, entre outros elementos, o funcionamento de toda estrutura humana, pedagógica e física da instituição.

Cabe ainda destacar a avaliação e a dimensão ética, que são elementos fundamentais quando nos referimos à educação e, particularmente, à EaD. Tanto um como outro precisam sempre ser pensados e considerados elementos presentes e marcantes em todo processo de ensino e aprendizagem. Isso descarta qualquer pensamento que os associe a atividades rápidas, que utilizam apenas alguns instantes para avaliações e para reflexões sobre questões éticas. A ética precisa ser uma marca de todos os sujeitos que participam do processo de ensino e aprendizagem na EaD, o que necessariamente inclui os processos avaliativos.

Muitos desafios estão postos hoje para a realidade educacional brasileira e mundial. Entre eles, destacamos a ampliação do acesso a uma educação de qualidade. A EaD pode colaborar de maneira fundamental para que essa meta seja alcançada, mas isso demanda compromisso e muita preparação de todos os sujeitos envolvidos.

Os temas abordados nesta obra demonstram a amplitude de perspectivas possíveis quando voltamos nossa atenção para a EaD, suas implicações e, sobretudo, para o seu próprio campo educacional. Muitos avanços já foram alcançados, e não resta dúvida de que a pesquisa é fundamental nesse processo.

Temas como políticas, tecnologias, democratização do acesso à educação, quando relacionados à EaD, já mostram estudos iniciais, mas ainda demandam pesquisas rigorosas que venham ao encontro das necessidades sentidas na seara educacional em nosso país.

Nesse sentido, esperamos que o conteúdo deste livro possa colaborar na formação de sujeitos comprometidos com o presente e o futuro de nossa realidade educacional e, consequentemente, com o presente e o futuro de nosso país.

Referências

ABBAGNANO, N. Dicionário de filosofia. São Paulo: M. Fontes, 2000.

ALCÂNTARA, M. G. Dos S. Ética e currículo na educação jurídica. In: CONGRESSO NACIONAL DE EDUCAÇÃO – EDUCERE, 8., 2008, Curitiba. Anais... Curitiba: PUCPR, 2008. p. 3387-3399. Disponível em: <http://www.pucpr.br/eventos/educere/educere2008/anais/pdf/87_421.pdf>. Acesso em: 11 abr. 2014.

ALEXÂNIA, G. As vantagens do aluno EaD. 11 abr. 2012. Disponível em: <http://EaDagoraesempre.blogspot.com.br/2012/04/as-vantagens-do-aluno-na-EaD.html>. Acesso em: 9 abr. 2014.

ALMEIDA, C. T. DE. O papel do pedagogo: multimeios na utilização de recursos mediáticos colaborativos na modalidade de educação a distância. In: FARIA, E. T. (Org.). Educação presencial e virtual: espaços complementares essenciais na escola e na empresa. Porto Alegre: EDIPUCRS, 2006, p. 87-104.

ALMEIDA, C. T. de. O papel do professor na educação a distância. Ágora, Porto Alegre, ano 2, jul/dez. 2011. Disponível em: <http://websmed.portoalegre.rs.gov.br/escolas/revistavirtualagora/professor_ed_distancia.pdf>. Acesso em: 24 set. 2014.

ALMEIDA, M. E. B. DE. Educação à distância no Brasil: diretrizes políticas, fundamentos e práticas. In: CONGRESSO IBERO-AMERICANO DE INFORMÁTICA NA EDUCAÇÃO, 6., 2002, Vigo. Anais... Belo Horizonte: PUCMinas, 2002. p. 1-6. Disponível em: <http://www.ich.pucminas.br/pged/interact/viewfile.php/1/file/17/51/PDF.pdf> Acesso em: 9 abr. 2014.

ALVES, J. R. M. A história da EaD no Brasil. In: LITTO, F. M.; FORMIGA, M. (Org.). Educação a distância: o estado da arte. São Paulo: Pearson Education Hall, 2009, p. 9-13.

ALVES, W. J. M.; RADO, S. C. As políticas públicas de formação continuada de professores por meio da educação a distância no Estado do Paraná. Revista Espaço da Sophia, ano III, n. 30, p. 135-149, set. 2009. Disponível em: <http://issuu.com/espacodasophia/docs/revista_espaco_da_sophia_-_n30>. Acesso em: 15 abr. 2014.

ANDRÉ, M. Pesquisa em educação: buscando rigor e qualidade. Cadernos de Pesquisa, São Paulo, n. 113, p. 51-64, jul. 2001. Disponível em: <http://www.scielo.br/pdf/cp/n113/a03n113.pdf>. Acesso em: 9 abr. 2014.

ARAÚJO, U. F. Moralidade e indisciplina: uma leitura possivel a partir do referencial piagetiano. In: AQUINO, J. G. (Org.). Indisciplina na escola: alternativas teóricas e práticas. São Paulo: Summus, 1996, p. 103-115.

ARETIO, L. G. Educación a distancia hoy. Madrid: Ed. da Universidad Nacional de Educación a Distancia - Uned, 1994. Disponível em:<http://www.researchgate.net/publication/235464167_Educacin_a_distancia_hoy?ev=prf_pub>. Acesso em: 16 /ago. 2014.

BASTOS, C. R. DE C. O jornalista da cidade ciborgue: conexões de um ser desplugado. In: ENCONTRO DE COMUNICAÇÃO DO VALE DE SÃO FRANCISCO, 2., 2011, Juazeiro. Anais... Juazeiro, 2011. p. 1-14. Disponível em: <http://www.uneb.br/ecovale/files/2013/08/artigo-14.pdf>. Acesso em: 9 abr 2014.

BELLONI, M. L. Educação a distância. 5. ed. Campinas: Autores Associados, 2008.

BIELSHOWSKY, C. E. MEC quer "limpar a pauta" das demandas para EaD. Anuário Brasileiro Estatístico de Educação Aberta e a Distância. Entrevista concedida a Zenite Machado. 27 jul. 2010. Disponível em: <http://www.abraead.com.br/noticias.asp?cod=4.>. Acesso em: 18 jun. 2014.

BLOGMIDIA8. Redes sociais. Disponível em: <http://blogmidia8.com/category/redes-sociais>. Acesso em: 9 abr. 2014.

BOTH, I. J. Avaliação planejada, aprendizagem consentida: é ensinando que se avalia, é avaliando que se ensina. Curitiba: Ibpex, 2011.

BRASIL. Constituição (1988). Diário Oficial da União, Poder Legislativo, Brasília, DF, 5 out. 1988. Disponível em: <http://www.senado.gov.br/legislacao/const/con1988/CON1988_05.10.1988/CON1988.pdf>. Acesso em: 9 abr. 2014.

_____. Decreto n. 5.622, de 19 de dezembro de 2005. Diário Oficial da União, Poder Executivo, Brasília, 20 dez. 2005. Disponível em: <www.planalto.gov.br/ccivil_03/_Ato2004-2006/2005/Decreto/D5622.htm>. Acesso em: 9 abr. 2014.

_____. Decreto n. 5.773, de 9 de maio de 2006. Diário Oficial da União, Poder Executivo, Brasília, 10 maio 2006. Disponível em <http://www.planalto.gov.br/ccivil_03/_ato2004-2006/2006/decreto/d5773.htm>. Acesso em: 9 abr. 2014.

_____. Decreto n. 6.303, de 12 de dezembro de 2007. Diário Oficial da União, Poder Executivo, Brasília, 13 dez. 2007. Disponível em: <http://www.planalto.gov.br/ccivil_03/_Ato2007-2010/2007/Decreto/D6303.htm>. Acesso em: 9 abr. 2014.

_____. Lei n. 9.394, de 20 de dezembro de 1996. Diário Oficial da União, Poder Legislativo, Brasília, 23 dez. 1996. Disponível em: <http://www.planalto.gov.br/ccivil_03/leis/l9394.htm>. Acesso em: 9 abr. 2014.

_____. Ministério da Educação. Instruções para elaboração de Plano de Desenvolvimento Institucional. Brasília, 5 maio 2007a. Disponível em: <http://www2.mec.gov.br/sapiens/pdi.html>. Acesso em: 9 abr. 2014.

_____. Múltiplos instrumentos podem aperfeiçoar o processo de avaliação escolar. Portal do Professor. 2014a. Disponível em: <http://portaldoprofessor.mec.gov.br/conteudoJornal.html?idConteudo=272>. Acesso em: 9 abr. 2014.

_____. Planejamento é fundamental para processo de aprendizagem. Portal do Professor. 2014b. Disponível em: <http://portaldoprofessor.mec.gov.br/conteudoJornal.html?idConteudo=1121>. Acesso em: 26 fev. 2014.

BRASIL. Portaria Normativa n. 2, de 10 de janeiro de 2007. Diário Oficial da União, 11 jan. 2007b. Disponível em: <http://portal.mec.gov.br/seed/arquivos/pdf/legislacao/portaria2.pdf>. Acesso em: 9 abr. 2014.

_____. Referenciais de qualidade para Educação Superior a Distância. Brasília, 2007c. Disponível em: <http://portal.mec.gov.br/seed/arquivos/pdf/referenciaisead.pdf>. Acesso em: 9 abr. 2014.

_____. Ministério da Educação. Secretaria Executiva. Instituto Nacional de Estudos e Pesquisas Educacionais Anísio Teixeira. Diretoria de Estatísticas Educacionais. Censo da Educação Superior 2009: resumo técnico. Brasília, 2010. Disponível em: <http://www.ufrgs.br/sai/dados-resultados/avaliacao-das-ies-em-geral/arquivos-avaliacao-ies-geral/CES2009ResumoTecnico.pdf>. Acesso em: 9 abr. 2014.

_____. Ministério da Educação. Secretaria Executiva. Instituto Nacional de Estudos e Pesquisas Educacionais Anísio Teixeira. Censo da Educação Superior 2011: resumo técnico. Brasília: 2013. Disponível em: <http://www.ufrgs.br/sai/dados-resultados/avaliacao-das-ies-em-geral/arquivos-avaliacao-ies-geral/resumo_tecnico_censo_educacao_superior_2011.pdf>. Acesso em: 9 abr. 2014.

BRITO, G. Blog ou rede social, eis a questão! Gazeta do Povo, Curitiba, 6 jun. 2012. Mídia. Disponível em: <http://www.gazetadopovo.com.br/m/conteudo.phtml?id=1262810&tit=Blog-ou-rede-social-eis-a-questao>. Acesso em: 16 abr. 2014.

BRITO, G. DA S.; PURIFICAÇÃO, I. A pescópia na pesquisa em educação uma questão de atitude. Revista Diálogo Educacional, v. 5, n. 15, maio/ago. 2005. Disponível em: <http://www2.pucpr.br/reol/index.php/DIALOGO?dd1=667&dd99=view>. Acesso em: 9 abr. 2014.

_____. Educação e novas tecnologias: um repensar. Curitiba: Ibpex, 2008.

BRUNO, A. R.; LEMGRUBER, M. S. A dialética professor-tutor na educação on-line: o curso de Pedagogia UAB/UFJF em perspectiva. In: ENCONTRO NACIONAL SOBRE HIPERTEXTO, 3., 2009, Belo Horizonte. Anais... Belo Horizonte, 2009. p. 29-31.

BUENO, F. S. DA. Dicionário escolar da língua portuguesa. 11. ed., 6. tir. Rio de Janeiro: Fename, 1982.

CAYGILL, H. Dicionário Kant. Rio de Janeiro: Jorge Zahar Editor, 2000.

CERVI, R. DE M. Planejamento e avaliação educacional. Curitiba: Ibpex, 2008.

CONGREGAÇÃO EXPECTATIVA DE CASCAVEL. Imagem da semana. Disponível em: <http://expectativaluterana.blogspot.com.br/2009/08/imagem-da-semana_11.html>. Acesso em: 9 abr. 2014.

CORTELAZZO, I. B. DE C. Prática pedagógica, aprendizagem e avaliação em educação a distância. Curitiba: Ibpex, 2010.

COSTA, M. M. Educação a distância. 15 mai. 2010. Disponível em: <http://ultimosegundo.ig.com.br/educacao/educacao-a-distancia/n1237619808128.html>. Acesso em: 9 abr. 2014.

COUTO, M. E. S. A educação a distância (EaD): características e estruturação de um curso de formação continuada de professores. Revista E-Curriculum, São Paulo, v. 2, n. 3, dez. 2006. Disponível em: <http://revistas.pucsp.br/index.php/curriculum/article/viewFile/3156/2087>. Acesso em: 18 jun. 2014.

CURY, M. F.; CURY, R. M. B. Concepções da avaliação institucional no processo educacional. Disponível em: <http://www.uftm.edu.br/upload/ensino/concepcoes_da_avaliacao_institucional_no_processo_educacional_Marlene_Ferreira_Cury_e_Rosa_Maria_Bittar_Cury.pdf>. Acesso em: 18 jun. 2014.

DELORS, J. Educação: um tesouro a descobrir. Brasília: Unesco, 1998.

DEMO, P. Formação permanente e tecnologias educacionais. Petrópolis: Vozes, 2006.

_____. Professor do futuro e reconstrução do conhecimento. 5. ed. Petrópolis: Vozes, 2008.

_____. O porvir. Curitiba: Ibpex, 2008.

DIAS, R. A.; LEITE, L. S. Compreendendo a interação e interatividade em cursos online. In: ENCONTRO DE EDUCAÇÃO E TECNOLOGIAS DE INFORMAÇÃO E COMUNICAÇÃO, 5., 2007, Rio de Janeiro. Anais... Rio de Janeiro: Universidade Estácio de Sá, 2007. p. 1-14. Disponível em: <http://etic2008.files.wordpress.com/2008/11/ucprosilanaaparecida.pdf>. Acesso em: 9 abr. 2014.

_____. Educação a distância: da legislação ao pedagógico. Petrópolis: Vozes, 2010.

ESTRELA, M. T. Relação pedagógica, disciplina e indisciplina na aula. Porto: Porto, 1992.

FARIA, A. A. A importância da disciplina e da autonomia para alunos em cursos de EaD. Sieduca. 2009. Disponível em: <www.sieduca.com.br/2009/admin/upload/102.doc>. Acesso em: 9 abr. 2014.

FARIA, E. T. (ORG.). Educação presencial e virtual: espaços complementares essenciais na escola e na empresa. Porto Alegre: EDIPUCRS, 2006.

FERRARI, M. Jean Piaget, o biólogo que colocou a aprendizagem no microscópio. Revista Nova Escola on-line. 2014a. Disponível em: <http://revistaescola.abril.com.br/formacao/jean-piaget-428139.shtml>. Acesso em: 1º jan. 2014.

_____. Lev Vygotsky, o teórico do ensino como processo social. Revista Nova Escola. 2014b. Disponível em: <http://revistaescola.abril.com.br/historia/pratica-pedagogica/lev-vygotsky-teorico-423354.shtml>. Acesso em: 9 abr. 2014.

Folha de S. Paulo. Facebook mostra o raio-x de 1 bilhão de usuários. Folha de São Paulo, 4 out. 2012. Coluna Tec. Disponível em: <http://www1.folha.uol.com.br/tec/1163808-facebook-mostra-o-raio-x-de-1-bilhao-de-usuarios.shtml>. Acesso em: 9 abr. 2014.

Freire, P. Pedagogia da autonomia: saberes necessários à prática educativa. 25. ed. São Paulo: Paz e Terra, 1996.

Futurecom. Expansão móvel: base de smartphones triplicará até 2019. 12 nov. 2013. Disponível em: <http://www.futurecom.com.br/blog/expansao-movel-base-de-smartphones-triplicara-ate-2019/>. Acesso em: 9 abr. 2014.

Gaio, B. E. Educação a distância, uma pequena revolução. Gazeta do Povo, Curitiba, 13 jan. 2012. Coluna Opinião. Disponível em: <http://www.gazetadopovo.com.br/opiniao/conteudo.phtml?id=1212362>. Acesso em: 9 abr. 2014.

Galeffi. R. A filosofia de Immanuel Kant. Brasília: Universidade de Brasília, 1986.

Gatti, B. A. A pesquisa em educação: pontuando algumas questões metodológicas. Cadernos de Pesquisa, n. 113, p. 65-81, 2005.

_____. Avaliação educacional no Brasil: pontuando uma história de ações. Eccos Revista Científica, São Paulo, v. 4, n. 1, p. 17-41, jun. 2002. Disponível em: <http://www.umcpos.com.br/centraldoaluno/arquivos/19_02_2011_129/av._ed._no_brasil_-_Gatti.pdf>. Acesso em: 18 jun. 2014.

Goergen, P. Pós-modernidade, ética e educação. 2.ed. Campinas: Autores Associados, 2005.

Guarezi, R. C. M; Matos, M. M. Educação a distância sem segredos. Curitiba: Ibpex, 2009.

JFM – GESTÃO DE PESSOAS & EDUCAÇÃO. Articulação entre projeto político-pedagógico, planejamento e prática pedagógica. 16 maio 2011. Disponível em: <http://jersica.wordpress.com/2011/05/16/ppp-planejamento-pratica-pedagogica/>. Acesso em: 28 nov. 2013.

JOVAED – JORNADA VIRTUAL ASSOCIAÇÃO BRASILEIRA DE EDUCAÇÃO A DISTÂNCIA. Tutor é professor: carta de João Pessoa. 9 jun. 2011. Disponível em: <http://enpead.blogspot.com.br/2011/06/tutor-e-professor-carta-de-joao-pessoa.html>. Acesso em: 9 abr. 2014.

KANT, I. Crítica da razão prática. São Paulo: Escala, 2006.

KEEGAN, D. Foundations of Distance Education. 3.rd ed. London: Routledge, 1996.

KUENZER, A. Z.; MORAES, M. C. M. DE. Temas e tramas na pós-graduação em educação. Revista Educação e Sociedade, Campinas, v. 26, n. 93, set./dez. 2005.

LEMGRUBER, Márcio Silveira. Educação a distância: para além dos caixas eletrônicos. Revista do SINPRO. Rio de Janeiro, v. 2, p. 42-49, 2008.

LEVY, P. Cibercultura. Tradução de Carlos Irineu da Costa. São Paulo: Editora 34, 1999.

LITTO, F. M.; FORMIGA, M. (ORG.). Educação a distância: o estado da arte. São Paulo: Pearson Education, 2009.

LOPES, L. F. Políticas de formação continuada a distância de professores no estado do Paraná. 144 f. Dissertação (Mestrado em Educação) – Universidade Tuiuti do Paraná, Curitiba, 2011. Disponível em: <http://tede.utp.br/tde_arquivos/1/TDE-2012-10-31T162032Z-282/Publico/POLITICAS%20DE%20FORMACAO%20CONTINUADA%20A%20DISTANCIA%20DE%20PROFESSORES%20NO%20ESTADO%20DO%20PARANA.pdf>. Acesso em: 9 abr. 2014.

LOPES, L. F.; PEREIRA, M. F. R. Formação de professores a distância: princípios orientadores. In: REUNIÃO ANUAL DA ASSOCIAÇÃO NACIONAL DE PÓS-GRADUAÇÃO E PESQUISA EM EDUCAÇÃO, 34., 2011, Natal. Anais... Natal: Anped, 2011.

LOPES, L. F.; SOPCHAKI, C. H. Epistemologia e pesquisa em educação a distância: algumas considerações e questionamentos. Revista Intersaberes, Curitiba, v. 8, n. 15, p. 8-22, jan./jun. 2013. Disponível em: <http://www.grupouninter.com.br/intersaberes/index.php/revista/article/viewFile/415/265>. Acesso em: 28 nov. 2013.

LOSSO, A. R. S. Reflexões sobre a educação a distância: o papel do professor tutor na perspectiva da mediação pedagógica. Linhas, Florianópolis, v. 3, n. 2, p. 1-18, 2002.

LUCKESI, C. Avaliação da aprendizagem escolar: estudos e proposições. São Paulo: Cortez, 1997.

LUZIA, A. et al. A autonomia dos alunos na perspectiva da educação à distância. 7 abr. 2013. Disponível em: <http://autonomianaead.blogspot.com.br/2013/04/a-autonomia-dos-alunos-na-perspectiva.html>. Acesso em: 9 abr. 2014.

MACHADO, R. DE C. F. Autonomia. In: STRECK, E.; REDIN, E.; ZITKOSKI, J. J. (Org.). Dicionário Paulo Freire. Belo Horizonte: Autêntica, 2008. p. 56-57.

MARQUES, C.; TAKAHASHI, F. Aluno de ensino a distância deve ser disciplinado e independente. Folha de São Paulo on-line, São Paulo, 29 set. 2004. Caderno Educação. Disponível em: <http://www1.folha.uol.com.br/folha/educacao/ult305u16136.shtml>. Acesso em: 9 abr. 2014.

MARTIN, H. O que é realidade aumentada? Revista Galileu on-line. Disponível em: <http://webcache.googleusercontent.com/search?q=cache:5lEcWBLwfloJ:revistagalileu.globo.com/Revista/Galileu/0,,EDG87006-8077-217,00-O%2BQUE%2BE%2BREALIDADE%2BAUMENTADA.html+&cd=1&hl=pt-BR&ct=clnk&gl=br>. Acesso em: 9 abr. 2014.

MARTINS, A. M. Autonomia e educação: a trajetória de um conceito. Caderno de Pesquisa, São Paulo, n. 115, mar. 2002. Disponível em: <http://www.scielo.br/scielo.php?script=sci_arttext&pid=S0100-15742002000100009&lng=en&nrm=iso>. Acesso em: 9 abr. 2014

MATTAR, J. MOOC. Blog de Mattar, 24 mar. 2012a. Disponível em: <http://joaomattar.com/blog/2012/03/24/mooc>. Acesso em: 9 abr. 2014.

_____. Regulamentar a profissão de tutor. 13 jun. 2011. Disponível em: <http://enpead.blogspot.com.br/2011/06/regulamentar-profissao-de-tutor.html>. Acesso em: 9 abr. 2014.

_____. Tutoria e interação em educação a distância. São Paulo: Cengage Learning, 2012b.

MOORE, M. G. Teoria da distância transacional. Revista Brasileira de Aprendizagem Aberta e a Distância, São Paulo, ago. 2002. Traduzido por Wilson Azevêdo, com autorização do autor. Disponível em: <http://www.abed.org.br/revistacientifica/Revista_PDF_Doc/2002_Teoria_Distancia_Transacional_Michael_Moore.pdf>. Acesso em: 9 abr. 2014.

MOORE, M.; KEARSLEY, G. Educação a distância: uma visão integrada. São Paulo: Thomson Learning, 2007.

MOORE, M. G., KEARSLEY, G. Distance education: a systems view. Belmont, USA: Wadsworth, Cengage Learning, 2012. Disponível em: <http://www.cengagebrain.com.mx/content/moore20992_1111520992_02.01_chapter01.pdf>. Acesso em: 17 ago. 2014.

MORAN, J. M. A educação a distância que desejamos: novos desafios e como chegar lá. Campinas: Papirus, 2007.

MORÉ, R. P. O. et al. Modelo de gestão para educação a distância: o sistema de acompanhamento ao estudante – SAE. RAI – Revista de Administração e Inovação, São Paulo, v. 7, n. 2, p. 104-125, abr./jun. 2010.

Mousinho, S. H.; Spíndola, M. Cederj – um caminho na direção da educação inclusiva. Revista Educação Pública, Rio de Janeiro, 19 out. 2010. Disponível em: <http://www.educacaopublica.rj.gov.br/biblioteca/educacao/0270.html>. Acesso em: 9 abr. 2014.

Mundo Vestibular. Novas tecnologias auxiliam o EaD. 17 dez. 2012. Disponível em: <http://www.mundovestibular.com.br/EAD/novas-tecnologias-auxiliam-o-ead.html>. Acesso em: 9 abr. 2014.

Netto, A. A. de O. Novas tecnologias & universidade: da didática tradicionalista à inteligência artificial: desafios e armadilhas. Petrópolis: Vozes, 2005.

O'Neill, O. Constructions of Reason: Explorations of Kant's Practical Philosophy. Cambridge: Cambridge University Press. 1989.

Oliveira, B. A. de; Oliveira, Y. C. F. R. de. Metodologias utilizadas na educação a distância no Brasil. In: UEADSL – Congresso Nacional Universidade, EAD e Software Livre, 2010.2, 2010, Belo Horizonte. Anais... Belo Horizonte: UFMG, 2010. Disponível em: <http://www.textolivre.pro.br/blog/UEADSL/2010_2/artigosPDF/MetodologiasutilizadasnaEADnoBrasil.pdf>. Acesso em: 9 abr. 2014.

Oliveira, C. L. de A. P. Afetividade, aprendizagem e tutoria online. Revista Edapeci, Aracaju, v. 3, n. 3, dez. 2009. Disponível em: <http://www.seer.ufs.br/index.php/edapeci/article/view/565>. Acesso em: 7 jan. 2014.

Oliveira. E. G. Educação a distância na transição paradigmática. São Paulo: Papirus, 2008.

Pereira, A. M.; Motta, N.; Paula, V. de. As atividades do tutor no curso de pedagogia na modalidade a distância da coordenação de educação a distância da Udesc. Tecnologia educacional, Rio de Janeiro, v. 31, n. 161/162, p. 101-110, abr./set. 2003.

Pereira, M. de F. R. Relatório do andamento do projeto de pesquisa: Princípios orientadores das políticas de formação e do trabalho de professores no Brasil. Curitiba, 2011. 29 p. Relatório de pesquisa (Doutorado em Educação). Curso de Doutorado em Educação da Faculdade de Filosofia, Ciências e Artes, Universidade Tuiuti do Paraná. Disponível em: <http://www.uel.br/grupo-pesquisa/mhtle/arquivos%20download/documentos/projetos/relatoriofatimaprincipiosorientadores.pdf>. Acesso em: 26 set. 2014.

Petters, O. A educação a distância em transição. São Leopolo: Unisinos, 2009.

_____. Didática do ensino a distância: experiências e estágio da discussão numa visão internacional. São Leopoldo: Unisinos, 2001.

Philips, L. F.; Baird, D.; Fogg, B. J. Facebook para educadores. Tradução por Traduções Educopédia. 6 maio 2012. Disponível em: <http://educotraducoes.wordpress.com/2012/05/06/facebook-para-educadores>. Acesso em: 20 out. 2012.

Pinheiro, J. M. S. Quem é o profissional de telemática. 23 fev. 2005. Disponível em: <http://www.projetoderedes.com.br/artigos/artigo_quem_eh_o_profissional_de_telematica.php>. Acesso em: 14 abr. 2014.

Pinto, A. V. Ciência e existência. Rio de Janeiro: Paz e Terra, 1979.

_____. Sete lições sobre educação de adultos. São Paulo: Cortez, 2000.

Possari, L. H. V. Educação a distância como processo semiodiscursivo. In: Pretti, O. (Org). Educação a distância: sobre discursos e práticas. 2 ed. Brasília: Liber Livro, 2012. p. 91-108.

Preti, O. Educação a distância: fundamentos e políticas. Cuiabá: EdUFMT, 2009.

_____. Fundamentos e políticas em educação a distância. Curitiba: Ibpex, 2002.

_____. (Org.). Educação a distância: sobre discursos e práticas. 2. ed. Brasília: Líber Livro, 2012. p. 91-108.

RODRIGUES, A. T. Sociologia da educação. Rio de Janeiro: DP&A, 2004.

ROMANOWSKI, J. P.; CORTELAZZO, I. B. C. Guia de orientação de cursos. Curitiba: Ibpex, 2004.

ROSINI, A. M. As novas tecnologias da informação e a educação a distância. São Paulo: Cengage Leaning, 2010.

ROSSATO, R. Práxis. In: STRECK, D. (Org.) Dicionário Paulo Freire. Belo Horizonte: Autêntica, 2010.

RURATO, P.; BORGES GOUVEIA, L.; BORGES GOUVEIA, J. Características essenciais do ensino a distância. Porto: Universidade Fernando Pessoa, 2004. Disponível em: <http://www2.ufp.pt/~lmbg/com/ap%20prurato%20eLes04.pdf>. Acesso em: 9 abr. 2014.

SALMON, G. E-Moderating: The key to teaching and Learning Online. London: Kogan Page, 2000.

SANCHEZ, FÁBIO (Coord.) Anuário brasileiro estatístico de educação aberta e a distância – ABRAEaD 2005. São Paulo: Instituto Monitor Ltda, 2005.

SANTOS, M. R. G. DOS et al. A educação à distância como estratégia educacional nas organizações. In: SIMPÓSIO DE EXCELÊNCIA EM GESTÃO E TECNOLOGIA – SeGET, 7., 2010, Resende. Anais... Resende, 2010. Disponível em: <http://www.aedb.br/seget/artigos10/427_Artigo_Estrategia_EAD.pdf>. Acesso em: 18 jun. 2014.

SARAIVA, K. Educação a distância: outros tempos, outros espaços. Ponta Grossa: Editora UEPG, 2010.

SARMET, M. M.; ABRAHÃO, J. I. O tutor em educação a distância: análise ergonômica das interfaces mediadoras. Educação em Revista, Belo Horizonte, n. 46, dez. 2007. Disponível em: <http://www.scielo.br/scielo.php?pid=S0102-46982007000200004&script=sci_arttext>. Acesso em: 9 abr. 2014.

SATHLER, L.; JOSGRILBERG, F.; AZEVEDO, A. B. DE. (Org.). Educação a distância: uma trajetória colaborativa. São Bernardo do Campo: Universidade Metodista de São Paulo, 2008.

SATHLER, L.; Educação e tecnologia: espaço de fortalecimento da atuação docente. In: SATHLER, L.; JOSGRILBERG, F.; AZEVEDO, A. B. DE. Educação a distância: uma trajetória colaborativa. São Bernardo do Campo: Universidade Metodista de São Paulo, 2008, p.47-70.

SCHENINI, F. Planejamento é fundamental para o processo aprendizagem. Jornal do Professor, n. 38, 17 dez. 2008. Disponível em: <http://portaldoprofessor.mec.gov.br/conteudoJornal.html?idConteudo=1121>. Acesso em: 2 set. 2014.

_____. Aulas exigem do professor um planejamento mais meticuloso: Educação a distância. Ministério da Educação, 4 maio 2010. Disponível em: <http://portal.mec.gov.br/index.php?option=com_content&view=article&id=15388:aulas-exigem-do-professor-um-planejamento-mais-meticuloso&catid=210>. Acesso em: 25 set. 2014.

SENEFONTES, J. A. O que é a avaliação de desempenho? 8 abr. 2013. Disponível em: <http://www.pedagogiaaopedaletra.com.br/posts/o-que-e-a-avaliacao-de-desempenho/>. Acesso em: 9 abr. 2014.

SOUZA, M. A. de. Prática pedagógica: conceito, características e inquietações. In: ENCONTRO IBERO-AMERICANO DE COLETIVOS ESCOLARES E REDES DE PROFESSORES QUE FAZEM INVESTIGAÇÃO NA SUA ESCOLA, 4., 2005, Lageado. Disponível em: <http://ensino.univates.br/~4iberoamericano/trabalhos/trabalho024.pdf>. Acesso em: 9 abr. 2014.

THUMS, J. Ética na educação: filosofia e valores na escola. Canoas: Ulbra, 2003.

UFBA – UNIVERSIDADE FEDERAL DA BAHIA. Tipos de avaliação e seus mecanismos. In: CURSO MOODLE PARA PROFESSORES – 2007. Disponível em: <http://www.moodle.ufba.br/mod/book/view.php?id=12842&chapterid=10489>. Acesso em: 9 abr. 2014.

UNICEF; PNUD; INEP-MEC (COORD.). Indicadores da qualidade na educação. São Paulo: Ação Educativa, 2004. Disponível em: <http://portal.mec.gov.br/seb/arquivos/pdf/Consescol/ce_indqua.pdf>. Acesso em: 9 abr. 2014.

VALENTE, J. A.; ALMEIDA, M. E. B. DE (Org.). Formação de professores: a distância e integração de mídias. São Paulo: Avercamp, 2007.

VEIGA, I.P.A (Org.). Projeto político-pedagógico da escola: uma construção possível. Campinas: Papirus, 2004.

VELLASQUEZ, F. S. et al. Material didático na EaD: sob o olhar do aluno. In: REUNIÃO ANUAL DA SOCIEDADE BRASILEIRA PARA O PROGRESSO DA CIÊNCIA, 58., 2006, Florianópolis. Anais... Florianópolis: SBPC, 2006. Disponível em: <http://www.sbpcnet.org.br/livro/58ra/senior/RESUMOS/resumo_2901.html>. Acesso em: 9 abr. 2014.

VILLARDI, R.; OLIVEIRA, E. G. DE. Tecnologia na educação: uma perspectiva socio-interacionista. Rio de Janeiro: Dunya, 2005.

WIKIMEDIA.ORG. Popular Social Networks. Disponível em: <http://upload.wikimedia.org/wikipedia/commons/f/f6/Popular_Social_Networks%2C_Gavin_Llewellyn%2C_CC.jpg?uselang=pt-br>. Acesso em: 9 abr. 2014.

ZATTI, V. Autonomia e educação em Kant e Paulo Freire. Porto Alegre: EDPUCRS, 2007. Disponível em: <http://www.pucrs.br/edipucrs/online/autonomiaeeducacao.pdf>. Acesso em: 9 abr. 2014.

Zuin, A. A. S. Educação a distância ou educação distante? O programa universidade aberta do brasil, o tutor e o professor virtual. Educação & Sociedade, Campinas, v. 27, n. 96 – especial, p. 935-954, out. 2006. Disponível em: <http://www.scielo.br/pdf/es/v27n96/a14v2796.pdf>. Acesso em: 9 abr. 2014.

Bibliografia comentada

CORTELAZZO, I. B. DE C. Prática pedagógica, aprendizagem e avaliação em EaD. 2. ed. Curitiba: Ibpex, 2010.

Nessa obra, a autora busca orientar o estudo sobre os fundamentos da educação a distância relacionados aos temas: tecnologia, ciência e educação. O livro apresenta princípios educacionais e uma retrospectiva histórica da EaD, caracterizada por diferentes abordagens teóricas e finalidades. A obra também contempla questões como autoaprendizagem, funções da tutoria e avaliação da aprendizagem nesse tipo de educação.

LITTO, F. M. L.; FORMIGA, M. M. (Org.). Educação a distância: o estado da arte. São Paulo: Pearson Education do Brasil, 2011. v. 2.

Essa obra complementa os estudos apresentados no volume 1 (que tem o mesmo título). O novo volume traz uma pluralidade de assuntos e autores, colocando o leitor em contato com as diferentes perspectivas atuais de EaD.

MATTAR, J. Tutoria e interação em educação a distância. São Paulo: Cengage Learning, 2012.

Nessa obra, Mattar explica como funciona o sistema de tutoria e interação na EaD. Ele nos apresenta quais as principais ferramentas para auxiliar no ensino atualmente e como deve ser o trabalho do professor tutor. É uma leitura que traz muitos exemplos proveitosos.

Petters, O. A educação a distância em transição: tendências e desafios. São Leopoldo: Unisinos, 2009.

Nessa obra, com seu ponto de vista essencialmente pedagógico, Otto Petters desenvolve perspectivas para preservar o legado humanitário da EaD na era da informação. É um livro excelente para pesquisas e aprofundamento sobre educação a distância.

Rosini, A. M. As novas tecnologias da informação e a educação a distância. São Paulo: Cengage Learning, 2010.

Nessa obra, encontramos uma excelente abordagem sobre a gestão do conhecimento aplicada ao trabalho com educação a distância. Entre outros temas, o livro contempla a gestão do conhecimento, desafios na educação e, particularmente, na educação a distância.

Sathler, L.; Josgrilberg, F.; Azevedo, A. B. de. (Org.). Educação a distância uma trajetória colaborativa. São Bernardo do Campo: Universidade Metodista de São Paulo, 2008.

Esse livro reúne oito textos que trazem reflexões e experiências de profissionais envolvidos no trabalho com a educação a distância. Entre os temas abordados, merecem destaque os fundamentos pedagógicos em EaD, projetos pedagógicos em EaD, educação e tecnologia e o papel do professor tutor.

Villardi, R.; Oliveira, E. G. de. Tecnologia na educação: uma perspectiva sociointernacionista. Rio de Janeiro: Dunya, 2005.

Nessa obra, as autoras abordam o processo de desenvolvimento da identidade do ser humano, bem como as diferentes etapas de aprendizagem. O livro apresenta um estudo crítico sobre ações educativas alicerçadas em meios virtuais de transmissão do saber e da aquisição de conhecimentos.

Particularmente sobre a educação a distância, o estudo mostra que a modalidade emergiu como alternativa viável para a educação em nosso país, conquistando seu próprio espaço como instrumento de democratização do acesso ao conhecimento.

Sobre os autores

Adriano Antônio Faria

Catarinense de Lages, é mestre e doutorando em Educação pela Universidade Tuiuti do Paraná (UTP). Participa da linha de pesquisa "Prática pedagógica: elementos articuladores", com o grupo de pesquisa Educação e história: cultura escolar e prática pedagógica, no qual investiga a história das instituições e educação a distância (EaD). Graduado em Filosofia pelo Instituto de Filosofia e Teologia Mater Ecclesiae, em Teologia pelo Instituto Teológico Paulo VI de Londrina, em Marketing e em Pedagogia pelo Centro Universitário Uninter. Possui pós-graduação em Metodologia do Ensino na Educação Superior, especialização em EaD, em Formação de Docentes e de Orientadores Acadêmicos em EaD e também possui MBA em Gestão e Planejamento Estratégico. É diretor-presidente do Instituto de Educação EduSol (Educação solidária – Educação para o Brasil) e responsável pelo setor educacional de graduação e pós-graduação dos polos de apoio presencial EduSol, vinculados ao Centro Universitário Uninter. É professor dos cursos de licenciatura em Pedagogia (EaD) e de diversos cursos de especialização do Centro Universitário Uninter e da Faculdade La Salle.

Luís Fernando Lopes

Doutorando em Educação pela Universidade Tuiuti do Paraná (UTP). Mestre em Educação, com bolsa CNPq pela (UTP) na linha de pesquisa "Políticas públicas e gestão da educação". É especialista em tutoria EaD pelo Centro Universitário Uninter (2009) e em formação de docentes e orientadores acadêmicos em EaD pela mesma instituição (2010). Tem experiência na área de educação, com ênfase em educação a distância. É coordenador dos cursos de especialização a distância em Metodologia do Ensino na Educação Superior e Metodologia do Ensino de História e Geografia do Centro Universitário Uninter, nos quais atua como professor. Possui graduação em Teologia pela Pontifícia Universidade Católica do Paraná (PUCPR) (2008) e graduação em Tecnologia em Marketing Centro Universitário Uninter (2008). É licenciado em Filosofia pela Faculdade Pe. João Bagozzi (2011).